你好！大诗人

陶渊明

人生不喜
亦不惧

《国家人文历史》 著

李思苑 绘

中信出版集团 | 北京

目录

你好，我是陶渊明 2

第一章 陶渊明和他的时代 5

第二章 读懂陶渊明的四个关键词 31

第三章 陶渊明和我们的今天 87

你好，我是陶渊明

我的宅子边有五棵柳树，所以我自号五柳先生。我喜欢大自然，一草一木的姿态都烙印在我心底。村舍草屋、榆柳桃李、袅袅炊烟、鸡鸣狗吠……这些再平常不过的事物，总会在我心里泛起温情的涟漪。但在我生活的动荡乱世，这样朴素简单的生活其实很难得。大家最熟悉的可能是我不为五斗米折腰、一甩袖子就辞了官的形象，但这不是脑门一热做的决定，而是我酝酿多时的心愿。率真、真实，就是我的信条。官场中的我并不快乐，继续这样违背本心，状态只能愈加糟糕，所以我决定从此只顺从本心去生活。我是写田园诗的第一人，但田园生活并非全然无忧无虑，也会有坎坷，有起伏。不过，这就是我的选择，无论风雨与艳阳，我都接受。我在这里喝酒读书，赏花种地，并不孤独。我也喜欢在微醺中思考：人应当如何生活？生与死的意义又是什么？现在，我邀请你走入这片安宁的小天地，随我一起舒展身心，捕捉事物细微之处的美丽。

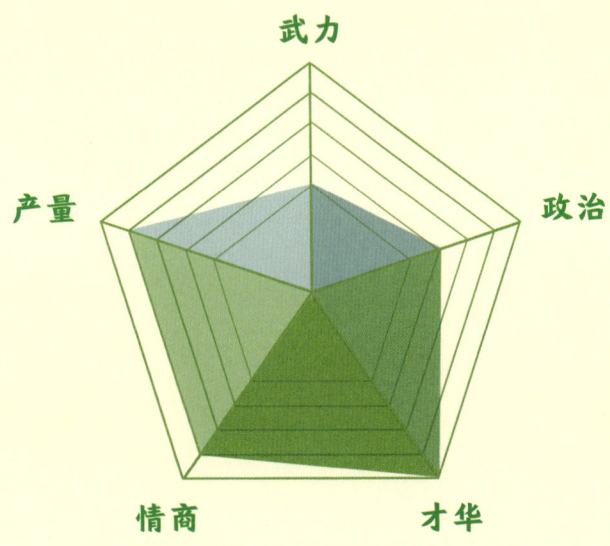

基本信息

- ✱ **姓**：陶
- ✱ **名**：潜，一说名渊明
- ✱ **字**：元亮，一说字渊明
- ✱ **别称**：五柳先生、靖节先生、陶靖节、陶彭泽
- ✱ **作品数量**：今存诗歌一百二十余首、文十二篇
- ✱ **出生地**：浔阳柴桑（今江西九江西南）
- ✱ **生卒年**：约 365—427 年，一说生于 372 年或 376 年
- ✱ **生活年代**：东晋末年到南朝刘宋初年
- ✱ **诗风**：平淡天真，浑然天成

大事记

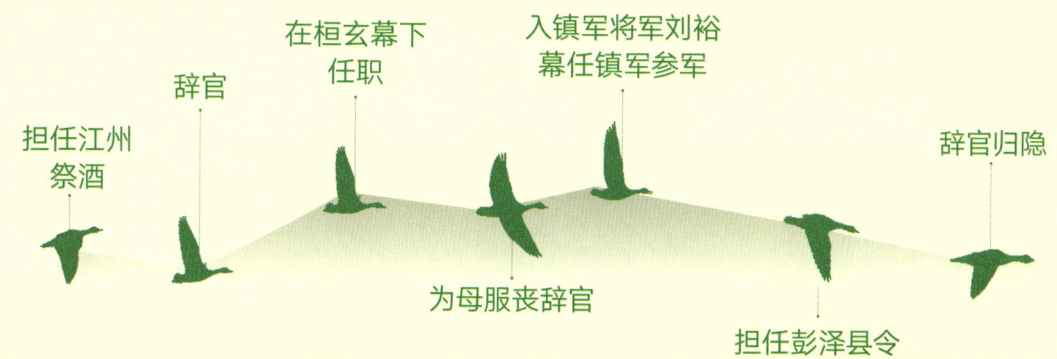

担任江州祭酒　辞官　在桓玄幕下任职　为母服丧辞官　入镇军将军刘裕幕任镇军参军　担任彭泽县令　辞官归隐

 喜好
种地赏花
喝酒读书

 性情
不拘小节
不为五斗米折腰

 曾任官职
江州祭酒
彭泽县令等

 文学地位
隐逸诗人之宗
田园诗的开创者

自我评价

闲静少言，不慕荣利，好读书，不求甚解。

第一章 陶渊明和他的时代

第一节

世外桃源

战乱频仍、局势动荡，人们都向往一个理想世界……

战乱动荡的时代

陶渊明生于365年前后,他一生中大多数时间,都在东晋王朝度过。为了更好地读懂陶渊明,我们先去他生活的时代看看!

陶渊明是我国文学史上最伟大、最受人们欢迎的田园诗人之一。古往今来,许多人都喜欢他的作品。

你是不是有点好奇,为什么大家说陶渊明"自然朴素"的诗好?为什么称赞他洁身自好?那个被陶渊明痛斥的社会,到底什么样?他所生活的东晋与西晋又有什么关系?我们不妨先去了解一下陶渊明所处的时代,再慢慢寻找这些问题的答案。

无能的统治者

熟悉《三国演义》的朋友一定知道，小说以魏、蜀、吴三国混战结束，三分归晋。这个"晋"指的是西晋王朝，建立者是曹魏权臣司马懿的孙子司马炎。司马家得到天下，却不怎么珍惜，历任统治者都不太靠谱。司马炎当政后期常常沉溺于奢靡享受，他的继任者晋惠帝司马衷，更是历史上著名的"白痴皇帝"。他最出名的蠢事，就是当大臣向他报告国内发生饥荒，人们没饭吃被饿死时，他大吃一惊地反问："他们为什么不吃肉粥呢？"（"**何不食肉糜？**"）统治者无能，一些有野心的人总想取而代之，国家自然不得安宁。

奢靡的贵族豪门

看着皇帝生活奢靡，西晋的豪门贵族纷纷效仿，还互相攀比斗富。司马炎的舅舅王恺见朝中大臣石崇炫富，也不甘"落后"，变着花样跟他比阔。王恺让仆人用糖水洗锅，石崇就让家厨用蜡烛煮饭；王恺用珍贵的紫色丝线织成四十里长的丝布做步障，石崇就用五十里长的锦缎做布障；司马炎送给王恺一株十分稀有的珊瑚，石崇见了直接砸碎，搬出几株更大更夺目的……西晋上下奢靡享乐之风严重，不少正直的大臣都觉得这个政权离灭亡不远了。

八王之乱

统治者无能，大部分贵族又只顾享乐而不关心民间疾苦，社会动荡不安。先是"白痴皇帝"的皇后贾南风与楚王司马玮合谋发动政变，杀死了辅政的外戚杨骏，之后又设计处死了汝南王司马亮、楚王司马玮等人，独揽大权。这又引起出身皇族的赵王司马伦等人不满，并起兵杀死了贾南风。在这场长达16年的战乱里，先后有八位司马家的藩王参与，史称"**八王之乱**"。

从西晋到东晋

"八王之乱"不仅让大批有能力的官员卷入斗争而死，王朝的统治中心洛阳也多次遭到战火摧残，西晋朝廷统治力消耗殆尽。此时，少数民族势力得到崛起的机会，长驱直入中原，埋下了西晋覆灭的伏笔。巴氐族首领李特率先在益州一带领导流民反抗西晋统治，后其子建立新政权，史称"成汉"。南匈奴单于后代刘渊则建立前赵，而他的儿子最终在311年派大将刘曜攻陷西晋都城洛阳，俘获晋怀帝。西晋王朝的残存势力纷纷逃往长江以南，317年，**司马睿在建康（今江苏南京）建立东晋**。

偏安一隅并不安

东晋皇室依靠长江天险偏安江南，司马氏名义上是皇帝，实际上把持政权的是高门士族。这种门阀政治导致东晋政权不稳，皇帝与士族、士族与士族之间钩心斗角，政治混乱。东晋立朝没几年，就发生了王敦之乱（322—324年），接着又有苏峻、祖约之乱（327—329年），后期还有桓玄之乱（402—404年）等。真是打不起也躲不掉呀。

东晋灭亡

淝水之战后的东晋，可谓命途多舛。先是不堪忍受朝廷无度剥削和士族压迫的民众，在孙恩、卢循的领导下掀起规模巨大、历时约12年的农民起义。与此同时，颇有野心的桓玄也举兵攻入建康。之后，又有刘裕凭借平定孙恩起义、桓玄之乱等军功，总揽东晋军政大权，最终于420年代晋自立，国号宋，**东晋灭亡**。

文物中的魏晋风流

青瓷羊形插器

年　　代：三国·吴
现存地：六朝博物馆

三国到东晋之间十分流行的一种青瓷器皿。羊是一种性情温驯的动物，古时，"羊"通"祥"，当时人们喜欢借羊表达吉利祥和的愿望。这件青瓷羊可不仅仅是个摆件，学者猜测它大概有两种用途：一是照明用的烛台，蜡烛就插放在小羊头顶的圆孔中；二是盛水以备磨墨用的砚滴。你认为这个可爱的青瓷羊究竟是做什么用的呢？

采桑画像砖

年　　代：魏晋
现存地：高台博物馆

画像砖，顾名思义，就是上面有雕刻或者绘画的砖石，能在古代的墓室、建筑上看到。河西走廊（今天的甘肃西北部一带）的魏晋墓室曾出土不少画像砖，绘画技法虽然简陋，看起来很像简笔画，但题材丰富，既有表现当时人们播种、犁地、围猎等生产活动场景的，也有表现人们载歌载舞、品茶聊天、生火做饭等生活场景的。这块画像砖上画着两个女子，正拿着桑笼与桑钩努力采桑，是不是很生动呢？

陶牛车及俑群

年　　代：东晋
现存地：六朝博物馆

这组陶器由10个陶俑和一架陶牛车组成，陶车车厢里摆放着可供人倚靠的凭几。牛车四周围着伺候贵族出门的仆从，他们可都没闲着——牵牛的、听候吩咐的、东张西望的……可见当时的贵族出门多么讲究排场！汉代时由于战争，马较少，只有皇室贵胄才乘，一般人主要是乘牛车，但到了东汉末年，牛车受到了达官显贵青睐，魏晋南北朝，豪门贵族出门以乘牛车为尊。《三国志》中就记载孙权出门乘坐的是用八头牛拉的车。

黑釉盘口鸡首壶

年　　代：东晋
现存地：青州博物馆

鸡首壶是自西晋流行起来的日用瓷器，壶的流口常常做成鸡首的形状，因此而得名。在这件鸡首壶壶口一侧，有一条自壶身昂首而起的龙，一口咬住顶部的壶口，龙颈自然而然形成壶柄，造型十分灵动。一直到唐代，鸡首龙柄壶的样式都十分流行，后来还发展出凤首龙柄的样式，有的瓷器索性将壶口做成凤首。

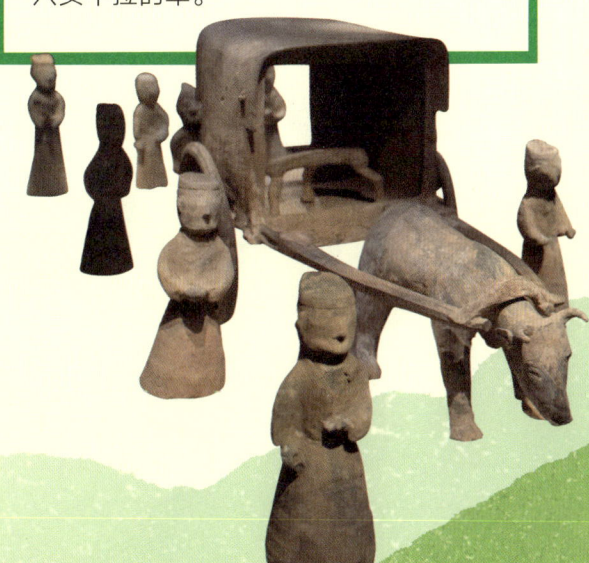

三轮铜鸠车

年　　代：西晋

现存地：洛阳博物馆

猜猜看，这件青铜鸠车是做什么用的？它其实是汉晋时期十分流行的一种儿童玩具。整体做成鸠鸟的造型，两侧以及尾部下方有可以转动行走的轮子，胸前有可以穿绳拉行的小孔。"鸠"与"久"发音相似，因此鸠鸟就有长久、久安等美好寓意，传达了古人希望孩子们安乐长久、健康成长的愿望。

竹林七贤与荣启期砖画

年　　代：南朝

现存地：南京博物院

这组砖画展现的是魏晋时代的"竹林七贤"与春秋时隐居世外的荣启期一同在林间饮酒畅谈的场景。这组砖画出土于南朝墓，由约300块古墓砖拼砌组成。画中人在林间席地而坐，动作潇洒随性。但彼此以树木相隔，人物姿态各异，又体现出个性与趣味的不同。唐末有位画家孙位曾画过一幅《高逸图》，画面构图与这组砖画有许多异曲同工之处。

《兰亭集序》

年　　代：东晋书，唐摹本
现存地：故宫博物院

魏晋南北朝时，每逢阴历的三月初三，人们都要结伴到河边嬉戏洗濯，期待借此驱除晦气，这种春游的习俗又被称为"修禊"。353年，王羲之在三月三日邀请友人到会稽郡山阴县兰亭一同宴饮赋诗，诗歌编为《兰亭集》，王羲之即兴作序，一气呵成，写下这篇《兰亭集序》，被后世誉为"天下第一行书"。不过眼前这篇书法作品并非真迹，而是由唐代人冯承素摹写，被认为是最接近王羲之原作的摹本。真本据传已随唐太宗殉葬昭陵。

《洛神赋图》

年　　代：东晋绘，宋摹本
现存地：辽宁省博物馆

它是中国历史上第一幅根据文学作品创作的画作，内容来自三国著名诗人曹植的《洛神赋》。它是一幅长长的"连环画"，描绘了曹植在文中所写的洛水边的一场奇遇：他与伏羲的女儿洛神相遇相爱，因为人与神的身份差异，最终不得不分离。画上人物神态天真自然，衣袂飘飘；水纹线条流畅生动，还运用了近大远小的构图方式，是绘画史上的一大进步。可惜原画已失传。

一堂文学课

在文人佳作辈出的魏晋南北朝,陶渊明被认为是最独特的一颗"明星"。在打开陶渊明的文学宝箱之前,我们需要先看看与他同时代的人们在想些什么,在写些什么。因为诗歌不是凭空产生的,它既源于诗人的妙笔生花,更得益于时代。

在陶渊明的时代,文学是什么样的?回答这个问题之前,我们需要先回到遥远的汉朝,如果你在那里遇到一个正刻苦攻读的学生,不妨和他聊聊文学。你一定会发现,**你们两人所理解的"文学"的差别可大了去了。**

在今天,文学是一门语言艺术,既包含古体的诗词歌赋,也有近体诗、散文、小说、戏剧、寓言童话等,形式丰富,文学作者可以借由这些文体自由创作,表达自己的所思所想。而在汉朝书生的眼中,"文学"多意味着**学术著作**,它最重要的功能是教育社会、感化民众。比如我们在今天阅读《诗经》,主要将它作为诗歌艺术,欣赏它的语句修辞和情感表达。但在汉朝,儒生们则是把《诗经》当作一部**有教化功能的儒家经典**来学习。

文学是如何演变成我们今天理解的文学的呢?想弄清这个问题,我们要继续去往魏晋南北朝。如果说在汉朝,文学就像是"儒学学院"里的一栋房子,那么到了魏晋南北朝,这栋房子被从儒学学院划分出来,成为**一所能与"儒学学院""玄学学院""史学学院"并置的独立学院。**

实际上，魏晋南北朝时期，确实出现了这么一所"分科大学"。那便是439年，南朝宋文帝在南京鸡笼山设立的"**四学馆**"，当时有名的学者史家都在这里著书立说，讲学授徒。这是中国历史上，文学第一次与儒学、玄学、史学并列，文学馆也是第一个文学教育研究机构，也就是说，那时的中国**第一次有了"文学课"**。

文学课具体在教些什么？既然我们已经来到魏晋南北朝，就顺便留下来上一堂课吧！

近体诗、古体诗和永明体

近体诗

形成于唐代，又称今体诗或律体，即律诗和绝句的通称。讲究平仄、对仗和押韵，句数、字数、平仄、用韵都有严格的规定。

古体诗

是与近体诗相对而言的诗体，也称古诗、古风，包括唐以前各种形式的诗歌（楚辞除外），如"歌""歌行"等乐府诗。

永明体

亦称"新体诗"，是一种南齐永明年间出现的诗体，这种诗体严格强调声韵格律，讲究四声八病，对近体诗的形成产生了重大影响。

各种文体怎么写？

写诗歌

"诗缘情而绮靡。"

写诗是在抒发感情，注重辞采华美的同时要注重捕捉细腻的情感。

写赋

"赋体物而浏亮。"

写赋，要铺陈事物并抒发情感，因此应条理清晰、语言清朗。

写箴

"箴顿挫而清壮。"

箴常以规诫为目的，突出事理的同时要有递进起伏的节奏，文风要清新豪健。

写奏

"奏平彻以闲雅。"

写作奏章、表议等应用文，则应当用平和透彻、文雅得体的表述。

写说

"说炜晔而谲诳。"

说，即杂说，要论辩说理，常常需要对抽象事物进行阐释，所以措辞要有吸引力。

写论

"论精微而朗畅。"

在古代，论是用来评述功过是非的文章，因此要言辞缜密流畅，论说精辟。

写悼念文

"诔缠绵而凄怆。"

诔是古人悼念逝者的文章，应表达出真挚、哀婉的凄怆情感。

这些都是西晋时期的文学家陆机在《文赋》中为大家讲授的各种文体的写作特点。是不是言简意赅又切中要害呢？不妨结合自己的作文，思考一下吧！

写铭文

"铭博约而温润。"

铭文则常刻在器物上警诫自己或称述功德，用词要平实简约，意蕴要深刻。

推荐书目

魏文帝曹丕《典论·论文》

这篇短短的文章，开创性地提及各类文体及其特点，如诗、赋、议、论，提出评价各类文体的标准，教你辨析哪些是好的作品。

西晋陆机《文赋》

列举了十种文体，并做了细化"规定"，堪称创作"入门指南"，生动地讲述了作家创作的过程、方法、形式、技巧等，成为古人做文章的重点参考书。

南朝梁刘勰《文心雕龙》

这部作品为我们建立了坐标系，参照它提出的各项创作与批评的标准，可以把握一篇文章的风格类型、价值优劣。一定要认真阅读哟！

南朝梁钟嵘《诗品》

想知道什么样的诗是好诗,读这部作品能给你不少启发。书中选取了汉至梁的120多位诗人的诗做分级点评,是古代第一本诗歌评论著作。

南朝梁昭明太子萧统《文选》

现存最早的诗文选集,选录从先秦到梁的130多人的优秀作品,并将文学与非文学作品区分开来,儒家学术著述及历史著作被排除在外。这样区分之后,非常便于人们阅读学习。

南朝陈徐陵《玉台新咏》

继《诗经》《楚辞》之后又一部诗歌总集,收录了不少自汉至梁的诗歌名篇,比如我们熟知的《孔雀东南飞》。

好文章，这样写

十

对各种文体的书写有了大致的了解后，我们再翻开《文心雕龙》，跟着刘勰老师一起看看如何能写出好文章！

"操千曲而后晓声，观千剑而后识器。"

画重点

演奏足够多的乐曲方能理解音乐，观摩足够多的宝剑才会识别优劣。写文章也是同样的道理，多读多看多思考方能写出好文章。

"意少一字则义阙，句长一言则辞妨。"

画重点

写出好文章的关键之一，是要钻研语言本身的学问。语言好比音符，也有自己的声调、韵律，少一个字意义就不完整，多一句话就会影响辞彩，所以需讲究词句的"排兵布阵"。

"谈欢则字与笑并，论戚则声共泣偕。"

画重点

好文章不仅仅是辞藻华丽、朗朗上口，更重要的是要有内容：写到欢乐，字里行间就洋溢着欢笑；写到悲伤，字字句句都带泪。这样才会引起读者的情感共鸣。

优秀作业点评

就像你在学校上完课后要完成作业一样,千年前的文人们在对文学有了理解领悟后,也需要写"作业"——通过搞创作来巩固所学知识。我们选几位同学的优秀范文看看吧!

·角度独特的作业

《恨赋》

学生:江淹

春草暮兮秋风惊,秋风罢兮春草生。绮罗毕兮池馆尽,琴瑟灭兮丘垄平。自古皆有死,莫不饮恨而吞声。

江淹同学的《恨赋》写了六位历史人物各自不同的人生遗憾与愤恨。虽然历史背景宏大,但江淹并没有选择长篇大论,而是奉行短小精悍的原则,文章虽精巧,但各种遗恨之情绵绵不绝,让读者都忍不住为这些历史人物殊途同归的命运感到哀伤。

·风格迥异的作业

学生:三曹

曹操:

"对酒当歌,人生几何!譬如朝露,去日苦多。"

——《短歌行》

曹植:

"仿佛兮若轻云之蔽月,飘飖兮若流风之回雪。"

——《洛神赋》

曹丕:

"明月皎皎照我床,星汉西流夜未央。"

——《燕歌行》

"三曹"虽然处于同一时代,可他们个性鲜明,创作风格也大不一样。曹操的风格是"幽燕老将,气韵沉雄",自有其慷慨激昂、睥睨群雄的豪迈。他的两个儿子,曹丕写诗用词清新而且情感细腻,曹植的创作则用词华丽、熠熠生辉。"三曹"可谓各人自成一家。后来越来越多的文学家追求个性的体现,找到了自己的风格。

第二节
陶渊明大事记

游历了硝烟弥漫的古战场、认识了几位魏晋名士,又上了一堂古代文学课,做足准备后,我们终于要与主角相遇了。你好呀,陶渊明!

风度超然的家族基因

在大多数人的印象中,陶渊明喜欢吟咏田园诗,一直在偏僻的乡野过着自耕自读、不问世事的平淡生活。诗人自己也说他生来便与贫穷为伍,更与高官厚禄无缘。事实真的如此吗?要知道,陶氏家族其实并不简单。

名将陶侃

《晋书》中记载,陶渊明的**曾祖父陶侃**年轻时只是一个小小的**鱼梁吏**。鱼梁是设置在水中的一种捕鱼设施,鱼梁吏是负责监察渔业及河道事务的小官。陶家家风严谨,陶侃有一次派人送一坛咸鱼去孝敬自己的母亲,反被母亲附信斥责:"你作为一个官员,怎么能把官府的东西当礼物送给我?你这样做我不但不高兴,还平添了担忧。"

在两晋之交,天下大乱的形势下,**陶侃投身军旅,多次平定叛乱**,为东晋王朝立下汗马功劳。

陶侃是个武将,足智多谋,做事也非常细致。造船时,他命人把木屑和竹头收藏起来,人们

当时都不明白为何这样做。冬天到来，地面积雪，陶侃命人将木屑铺在地上防滑，众人方才明白他的用意。后来东晋大臣桓温伐蜀时，还用陶侃保存的竹头做了钉装船。一次陶侃外出，看见有人手里拿着一把未熟的稻谷，就问："你拿它做什么？"那人回答："在路上看到，就随手拿了。"陶侃大怒："你自己不种田，还糟蹋别人的稻子！"将其鞭打了一顿。这个错误似乎并不严重，却要用鞭刑惩罚，是不是有点夸张了？但是在农夫们看来，地方官如此保护、珍惜自己的劳动成果，自己勤于农事想必更有保障，就会更加全力以赴。这个地方自然粮食丰收、百姓富足。

陶侃务实而勤勉，常对人说：大禹是圣人，还十分珍惜时间，普通人就更应如此了，怎么能肆意游乐纵酒呢？一个人如果活着的时候对人没有帮助，死了也不被后人记起，这是自己毁灭自己啊！

孟嘉落帽

陶侃虽然手握兵权成了大官，但**魏晋时期讲究门第出身**，来自底层的寒士很难融入东晋特权阶层，陶侃的后代也没逃脱这样的命运。陶渊明的祖父做过太守，但到了陶渊明这一辈已经以"寒士庶民"自居了。陶渊明还写过如**《咏贫士》《感士不遇赋》**等抒发对门阀政治不满的作品。

陶渊明的**外公孟嘉**是东晋著名的文人，很早就扬名京师。他曾在征西大将军桓温帐下任参军。一次，大将军桓温与下属游玩宴饮，孟嘉位列其中。席间，一阵风吹掉了孟嘉的帽子，但他只顾谈笑风生，浑然不知。众人想捉弄他，就在孟嘉上厕所时帮他把帽子捡回来放在桌上,写了纸条嘲笑他落帽失礼。孟嘉回来看到纸条不但没有不悦，反而当即写了一篇诙谐精彩的应答文，在座宾客无不折服于他的才华。后来，人们就用"**孟嘉落帽**"来形容人才思敏捷、气度宽宏。孟嘉这种自然旷达的品质也深深影响了陶渊明。外公去世后，陶渊明特意为他写过一篇传记，追述他充满个性、风度超然的生平往事。后人看来，这篇传记写下的种种，其实也是陶渊明精神风骨的写照。

屡屡受挫的就业经历

以田园隐者身份被载入史册的陶渊明,一开始并没有选择"采菊东篱下,悠然见南山"的生活。少年时的他,满怀豪情壮志,曾在官场沉浮拼过功名,也喜好大自然的风物。种种尝试之后,才做出人生的终极选择。

寒门弟子

陶渊明幼年时父亲就去世了,家道中落,生活贫困,需要自己下地种田,但并不能自给。米缸里总是没有存粮,日常只能吃野菜和豆类,还不能保证顿顿都有,日子过得紧紧巴巴。为了改善生活,出去做官成了陶渊明为数不多的选择之一。

初入仕途

393年,陶渊明出任江州祭酒,这是一份很重要但杂事也不少的差事。初入官场,他的上司是大书法家王羲之的儿子,江州刺史王凝之,但是王凝之资质平庸,处事糊涂。

辞官归乡

陶渊明没坚持多久就辞职回家了。原因很简单：他既忍受不了烦琐的公务，也看不惯官场里那些高门士族的傲慢派头。他回家种田，一种就是好几年，还写诗"显摆"自己美好的田耕生活。

投靠权臣

398年，陶渊明再次步入官场。他受权臣桓玄的招募，做了幕僚，也就是参谋顾问。桓玄出身世家大族，能文能武。可惜随着实力的增长，他的野心也开始膨胀，甚至图谋篡位。还好陶渊明在桓玄起兵造反时因母亲去世回家守丧而逃过一劫。

军旅生涯

后来，陶渊明改投到桓玄的敌人刘裕门下做镇军参军，效仿曾祖父陶侃开启军旅生涯。刘裕虽出身布衣，却凭借战功得以总揽东晋军政大权。陶渊明在他手下干了不到一年，因受到冷遇又理念不合，便再次辞职，转投刘敬宣帐下做了建威参军。不巧的是，新入职没多久，他的上司辞职了。陶渊明再次失业了。

第四次辞官

陶渊明先前薪水微薄，还要到处奔波，很是辛苦。直到他到彭泽做县令，境况才稍稍改善。在彭泽，陶渊明本想在公田里全部种上酿酒的黍米，可妻子不答应，一番讨价还价后，给自己争取到一半田地种粳稻。只过了短短八十几天惬意的日子，陶渊明再次辞官回乡，并留下名作《归去来兮辞》。

诗人的离去

陶渊明明明很需要彭泽县令这份工作，还种上了酿酒的秫米，原本他从此可以过上安稳的生活，但最终还是选择辞官回乡。至此，诗人彻底归隐田园，再没涉足官场。

不为五斗米折腰

据史籍记载，最后这次辞官的导火索其实是一件很小的事。陶渊明在做彭泽县令的时候，郡守派来一个督邮视察工作。这个督邮态度十分傲慢，又倚仗权势摆布下人。县吏让陶渊明穿戴整齐、恭恭敬敬地拜见他。陶渊明本来就瞧不起督邮的小人作为，加上早已厌倦官场生活。一气之下，当天就上交官印，辞官回家。他自己的解释是：我放纵散漫惯了，受不了约束，不愿意"为五斗米折腰"。五斗米是一个底层官员一天的微薄俸禄，只够日常生活开销。在陶渊明看来，要出卖本心来换取生存，完全不值得。这也是他几次出入官场后，经过深思熟虑做出的决定。

田园将芜胡不归

405年11月，最后一次辞官的陶渊明从此正式开始了他的归隐生活。他曾经的上司刘裕灭亡东晋，建立刘宋政权后，陶渊明更是改名陶潜，表示与外界彻底隔绝。

回乡 22 年,他全身心地投入田园生活,与农民"披草共来往""日入相与归"。在一日日的乡村生活中,他对投身自然、亲自耕作感触更加深刻,感叹"衣沾不足惜,但使愿无违"。而宁静田园生活的另一面,则是失去俸禄后的贫困。遇到灾年收成不好,也只能慢慢熬过"夏日长抱饥,寒夜无被眠"的日子,慨叹"人生实难,死如之何"!尽管如此,诗人仍然选择了用物质生活的贫苦朴素,来守护自己精神世界的淡泊自由。

写给自己的挽歌

陶渊明年轻时就体弱多病,晚年更是疾病缠身。427 年,浔阳地区瘟疫流行,陶渊明后来不幸感染恶性疟疾,11 月就病逝了。但他早就看淡生死,面对死亡也异常从容。他不仅早已写好遗嘱,甚至还给自己写了三首《拟挽歌诗》和一篇《自祭文》。

"拟挽歌"是古人对亡者的哀悼之歌。按当时习俗,人死后亲戚朋友唱挽歌以表示哀悼。陶渊明则借三首《拟挽歌辞》描绘出对自己离开人世后的想象:自己与亲朋已是天人永隔,亲友痛哭不已;家人在案几上摆满祭品;下葬时恰逢严霜凄凄的深秋,自己被送到荒无人烟的远郊埋葬。

陶渊明去世后,颜延之等好友依照他的遗愿,将其安葬在南山脚下,并在他的故乡修建靖节先生墓。千百年来,后人经常来这里瞻仰、吊怀陶渊明。

第二章 读懂陶渊明的四个关键词

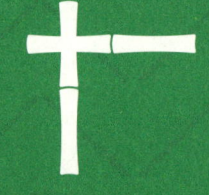

第一节
隐逸

面对社会的混乱无序,诗人选择隐逸于田园,远离外界的干扰,来保护自己内心的自由。

在晋朝，
文学家生活得有多难

西晋建立的过程中伴随着太多政变和杀戮。生活在这样一个艰难的时代，无奈的人们大多随波逐流。但当时有这样一群人，他们不同流俗，常聚在一起喝酒唱歌，写诗文讽刺统治者虚伪。因为他们常常在竹林中聚会，便被称为"竹林七贤"，他们是嵇康、阮籍、山涛、向秀、刘伶、阮咸、王戎。

竹林七贤才华横溢，其中嵇康是七人公认的领袖，容貌英俊、性格最刚烈。嵇康娶了曹操的曾孙女为妻，却十分抗拒做官。他的好友山涛欲辞官回家，想推荐他替代自己，嵇康得知后非常生气，写下《与山巨源绝交书》（山涛字巨源），表示宁可与朋友绝交也绝不做官。后来嵇康因维护好友被构陷，最终被司马昭下令处死。死刑当天，嵇康弹奏了一曲《广陵散》，感叹这首乐曲恐怕要就此失传了。

阮籍的个性也很张扬。据说，他会正视自己尊敬的人，用"青眼"（黑眼珠）看人；面对他瞧不起的人，则是"白眼"看人。阮籍的母亲去世后，嵇康的哥哥嵇喜前来吊唁，因为嵇喜身处朝中，阮籍很瞧不上，当场给他一个大大的白眼。后来嵇康带着酒和琴来找他，阮籍十分高兴，马上由白眼转为青眼。竹林七贤最终分裂了：嵇康、阮籍、刘伶拒不与司马昭合作；山涛是一时隐身自晦，形势一好就出林做官；向秀、阮咸为保性命，不得不向朝廷妥协；王戎则贪慕势力，终生都积极地出仕。

阮籍
公元 210—263 年

不拘小节,佯狂避世。喜好饮酒和吟啸,常常以侧身长啸的形象出现。

嵇康
**公元 223—262 年
或 224—263 年**

天真率性,清高脱俗,他通晓音律,曾作《广陵散》,尤其喜欢抚琴吟诗。

山涛
公元 205—283 年

竹林七贤中最年长的一位,见识广博,思虑深邃,生活也十分节俭。

刘伶
生卒年不详

主张无为而治,追求逍遥自由的生活。常乘着载有美酒的鹿车,四处游荡,被称为"醉侯"。

阮咸
生卒年不详

阮籍的侄子。不拘礼法,喜好饮酒,尤善弹琵琶。据说他总弹一种有长颈的古琵琶,此种琵琶因他命名为"阮"。

向秀
约公元 227—272 年

好读书,少年时便写得一手好文章,曾与嵇康一起打铁自娱自乐。

王戎
公元 234—305 年

因神采秀美尤善清谈而参与竹林之游。他是七贤中年纪最小的一位,也有不少关于他贪婪吝啬的传闻。

贵族也难逃厄运

十 晋朝的有学之士并不都像嵇康、阮籍那样抗拒做官。只不过,若想改变这乱世,光凭一身才华、一腔热血可不行。

魏晋南北朝时期,有影响力的官员、文人几乎都出身于名门望族。当时就有"**上品无寒门,下品无士族**"的说法,意思是出身贵族的人不会沦为贫寒小官,而寒门子弟再怎么努力也无法改变命运。士族与寒门之间等级森严。例如陶渊明并非出身士族,即使才学广博,也很难实现治国平天下的政治抱负。

那么出身名门的文人就一路坦途了吗?也不见得。出身大族可以帮助他们平步青云,一旦卷入政治斗争,不仅会招来杀身之祸,整个家族也很可能面临倾覆的危险。

唐代诗人刘禹锡写过一首《乌衣巷》:"**朱雀桥边野草花,乌衣巷口夕阳斜。旧时王谢堂前燕,飞入寻常百姓家。**"诗中的"王谢",指的便是统领魏晋南北朝数百年最有威望的两大家族——**琅琊王氏与陈郡谢氏**。其中,陈郡谢氏因为祖辈的赫赫战功而成为掌握军政大权的顶级士族,开中国山水诗先河的谢灵运、谢朓便来自这一大家族,但他们却并未因出身高贵、才华横溢就幸免于难。

魏晋南北朝的乱世绵延 400 余年,灾荒、瘟疫、人口大迁徙与战乱相伴相生……世事无常,不少文人的思想和生活态度也发生了很大改变,有人放浪形骸,做出惊人之举。在这样的历史背景之下,恐怕不难理解为何说魏晋南北朝的文人们是最有个性的吧!

自负的谢灵运

谢灵运是中国历史上第一位山水诗人。不过他的性格傲慢，有一次一边喝酒一边自夸："**天下人的才华一共一石，曹植占八斗，我占一斗，其他人的加一起才一斗。**"这就是成语"才高八斗"的由来。谢灵运在做官的时候不仅不努力工作，反而每天游山玩水，甚至封山占泽，还对朝廷政策置若罔闻，最终被皇帝下令处死。

冤死狱中的谢朓

谢家另一位大文学家谢朓更是运气不佳。与谢灵运相比，谢朓的诗更注重抒发自己心中的感情。他在朝做官，既享受舒适的生活，又害怕哪天大祸临头，心情十分苦闷。当时南齐的皇帝萧宝卷昏庸无道，国家被他治理得一团糟。皇帝的堂兄始安王派人联络谢朓，希望他协助自己废掉皇帝，谢朓当然拒绝了。可始安王一派却恶人先告状，诬陷谢朓想造反！萧宝卷这个糊涂皇帝，听信谗言后把谢朓打入大牢，不久谢朓便因病死于狱中。

回归自然的宣言：
《归去来兮辞》

乱世中，陶渊明几次试着做官都失败了。虽然家中贫困，但陶渊明仍不愿为五斗米折腰，毅然选择归隐田园。田园生活才是他心之所向！

翻看中国历史书，你会发现有**很多归隐山居的文人、士大夫**。若问他们隐居的原因，答案不外乎以下几种：

> 我有许多对国家有益的好想法，但我并非出身世家大族，皇帝也不看重我，失望！不做官啦！

> 刚继位的皇帝好像对我不大信任。我还是趁着祸事来临前，提前退休吧！

> 功名我有了，金钱我也有了，不如隐退得了，是时候享受人生啦！

> 虽然我隐居了，但我选在离京城最近的那座山上，这样不容易被搅和在是非里，想回去当官也方便。

那么我们的大诗人陶渊明是怎么说的呢？我们一起去读读他那篇告别官场、回归自然的宣言——**《归去来兮辞》**就清楚了。它是诗人解剖真心的独白。想要追随自己本心的人，都可以在这篇文章中找到安慰与共鸣。

归去来兮,田园将芜胡不归?既自以心为形役,奚惆怅而独悲。悟已往之不谏,知来者之可追。实迷途其未远,觉今是而昨非。舟遥遥以轻飏,风飘飘而吹衣。问征夫以前路,恨晨光之熹微。

"**归去来兮,田园将芜胡不归?**"这声吁叹带我们进入了正文,远处一叶小舟正载着刚刚弃官的陶渊明驶来。清晨天光未明,身在官场时幽暗迷茫的感觉还没有消散。但诗人明白,昨天已一去不复返,明天的事情却可以由自己抉择。他归心似箭,不停追问:还有多远到家呢?快到了吗?——就快到啦!

乃瞻衡宇,载欣载奔。僮仆欢迎,稚子候门。三径就荒,松菊犹存。携幼入室,有酒盈樽。引壶觞以自酌,眄庭柯以怡颜。倚南窗以寄傲,审容膝之易安。园日涉以成趣,门虽设而常关。策扶老以流憩,时矫首而遐观。云无心以出岫,鸟倦飞而知还。景翳翳以将入,抚孤松而盘桓。

终于回家啦!快乐溢满字里行间。在家里,他的生活闲散又舒适:边饮酒边欣赏院子里的树,倚着小窗发发呆,或拄拐出去走走,看看远方的山、天边的云。诗人就像那些疲惫的飞鸟,终于回到自己舒适的鸟巢啦。

> 归去来兮,请息交以绝游。世与我而相违,复驾言兮焉求?悦亲戚之情话,乐琴书以消忧。农人告余以春及,将有事于西畴。或命巾车,或棹孤舟。既窈窕以寻壑,亦崎岖而经丘。木欣欣以向荣,泉涓涓而始流。善万物之得时,感吾生之行休。

还是回来好啊!不用跟那些道不相同的人打交道。在家里读书弹琴,跟亲人欢聚谈心,多好!那天,同村的农夫说,春天到了,西边的田能耕种了,建议诗人考虑一下。不过,现在陶渊明想先乘车坐船去春游一番。春天里万物复苏的场景,真令人心旷神怡呀!

> 已矣乎!寓形宇内复几时,曷不委心任去留?胡为乎遑遑欲何之?富贵非吾愿,帝乡不可期。怀良辰以孤往,或植杖而耘耔。登东皋以舒啸,临清流而赋诗。聊乘化以归尽,乐夫天命复奚疑!

珍惜光阴,顺心向前。天气好就出游,农忙就耕田,登高则放声长啸,站在清澈的溪流旁则写诗,这样的生活让人心满意足。就这样让生命顺应自然而终了,不优柔纠结,乐天知命!读到这里,你是否也不由得与诗人共情:除了这片可贵的田园,还能在哪里找到生命的绿洲呢?

关于隐逸的问题：诗人孤单吗？

陶渊明的归隐之所以特别，是因为他并不是抛亲别友，去荒山野外离群索居，当个"原始人"。他在《归去来兮辞》中有写："**农人告余以春及，将有事于西畴。**"有农民叮嘱他，春天来了，该去西边地里耕种了，想来诗人和他的邻居相处得不错。《移居二首》里也写了和邻居们的日常。"**邻曲时时来，抗言谈在昔。奇文共欣赏，疑义相与析。**" "**农务各自归，闲暇辄相思。相思则披衣，言笑无厌时。**"邻里之间无拘无束地谈笑话家常，共饮好酒，或是围坐一起赏文析疑；有农活时就各自回家干活，闲暇时就互相串门谈谈心，谈起来还没完没了。诗中的邻居也很平实可爱。

回看其他魏晋诗人，比如嵇康、阮籍等人，他们也写了不少隐逸主题的诗文。在他们的作品中，隐逸是一种不食人间烟火的高冷生活。隐逸诗甚至写着写着就变成了游仙诗，好像和人间没什么关系了。陶渊明为人并不清高孤傲，他有人情味儿，与邻里打成一片，也不乏知心挚友。他有一首著名的四言诗《停云》，写得就是好友没有如约而至，自己牵肠挂肚的忧心之情。"**霭霭停云，蒙蒙时雨。八表同昏，平路伊阻。静寄东轩，春醪独抚。良朋悠邈，搔首延伫。**"诗歌以悠长的音调，把自己独自抚着酒壶等待朋友的焦虑心情写得生动极了。

关于隐逸的问题：诗人清闲吗？

陶渊明选择了一条与众不同的人生道路：躬耕田园，自食其力。尽管有仆从帮忙，但这在当时的士人中间，已经属于特例。

前文提到的诗人谢灵运，他虽有大片农田果园，但他却并不想过这种生活，心中很矛盾，所以说"**进德智所拙，退耕力不任**"，想进取功业但才智不足，想隐退耕田又干不了农活，他不亲自参与劳作，没有对农耕的深刻体会，只是借农耕发发牢骚而已。"**既笑沮溺苦**""**耕稼岂云乐**"，官场很苦，耕种也不能算是快乐的生活。

学者章太炎说："盖人不事生产，鲜有不营营干禄者。"意思是不亲自劳作的那些人，几乎没有不整日琢磨当官、博取功名利禄的。陶渊明亲手干农活，才让这双手写下的田园诗有了来自土地的朴质气息，甚至他构思的桃花源，也要"**相命肆农耕，日入从所憩**"，没有阶层之分，人人都要参加劳动。

南朝的文学评论家钟嵘评价陶渊明为"**古今隐逸诗人之宗**"，这也成为后世一直沿用的定评。在陶渊明之前，描写田园山林隐居之乐的诗歌十分少见，而能做到**关注现实又淡泊超脱**、**立意高绝但不故作姿态的**，只有陶渊明一人了。

诗人竟然去乞讨？

> **乞食**
>
> [晋] 陶渊明
>
> 饥来驱我去，不知竟何之。行行至斯里，叩门拙言辞。
> 主人解余意，遗赠岂虚来。谈谐终日夕，觞至辄倾杯。
> 情欣新知欢，言咏遂赋诗。感子漂母惠，愧我非韩才。
> 衔戢知何谢，冥报以相贻。

408 年，陶渊明遭遇了一场始料未及的火灾，房子烧毁，一家人无处可栖，不得已暂住在一条船上。415 年，陶渊明完成最后一次迁居，搬到浔阳南村。由于屡遭灾祸，诗人年迈多病，家中人口众多，到了连温饱都难保证的窘迫地步。诗人用《乞食》一诗，坦然地记下了这饥贫交加的日子。他硬着头皮敲开邻居家门讨点吃食，幸运地遇到了一位善良慷慨的主人，还邀请诗人在府上喝酒聊天，两人相谈甚欢，兴之所至，不禁赋诗几首，一扫诗人心中郁结。

喜爱陶渊明的后人中，有很多人接受不了大诗人去讨饭，于是有人说这首诗是寄托之作，也有人说这是随意游戏之作。不过，仍然有更多的人认为，这就是**陶渊明的生活实录**。

隐逸生活并非梦幻乐土，它有恬淡美好的一面，也有现实粗粝的一面。但就是在生活最困难的日子里，陶渊明也能接受物质的贫乏，没停止过文学创作，从酒、琴、自然、友谊中思考生命的意义。他早出晚归，辛苦耕田，这一开始就是自己的选择，"**但使愿无违**"——也就不必怨声载道了。粗粮吃不饱，粗衣穿不暖，现实就是这样，先喝杯酒再说吧。居所被烧了个精光，拖家带口暂居船中，也不妨碍他在夜半之时欣赏月圆美景。即便到了乞食的落魄境地，与其遮掩逃避，倒不如坦诚地记下被那位好心人温暖过的温馨时刻。这样的坦然，很少有人能做到。

唐代诗人王维晚年在一封写给朋友的信中，就曾表达过对陶渊明乞食的不解："**屡乞而多惭也。尝一见督邮，安食公田数顷。一惭之不忍，而终身惭乎？**"他不解陶渊明怎么就不肯忍那么一会儿呢，如果当时见了督邮，就能保住公田数顷，无后顾之忧，也不至于到老饿肚子羞惭地求人了。王维少年得志入仕，大半生都过得顺风顺水，在终南山还有辋川别业。同样是隐居，相比陶渊明的"穷隐"，王维则算是有一定物质保障的"富隐"了，不理解陶渊明的选择也很正常。尽管如此，他对陶渊明还是有敬仰之心的，在上文提到的那封信中，他自嘲晚年"偷禄苟活"，而这也无意中点明了陶渊明的超然之处。

王维诗中的乞讨故事

王维在他的诗中，是这样调侃陶渊明乞讨一事的。

偶然作（其四）
[唐] 王维

陶潜任天真，其性颇耽酒。自从弃官来，家贫不能有。
九月九日时，菊花空满手。中心窃自思，傥有人送否。
白衣携壶觞，果来遗老叟。且喜得斟酌，安问升与斗。
奋衣野田中，今日嗟无负。兀傲迷东西，蓑笠不能守。
倾倒强行行，酣歌归五柳。生事不曾问，肯愧家中妇。

虎溪三笑

如果你去逛博物馆，看到一幅中国古画——缓缓流过的溪水旁有三个开怀大笑的人，好了，八九不离十，不用走近看展牌说明，你就可以大声宣称：这画的一定是"虎溪三笑"的故事！

"虎溪三笑"是中国文学史上一则有名的典故。在庐山东林寺前有一条小溪，相传高僧慧远送客时，不论宾客地位高低，都不会送过虎溪。若过此溪流，就会听到老虎的啸声。一日，陶渊明和道士陆修静来访，慧远与他们相谈甚欢，送客时谈兴不减，不知不觉过了虎溪，这时老虎大叫起来，三人方才察觉，继而相视大笑。

不过，在真实的历史中，这三人不可能相聚一堂。陶渊明与慧远生活在同一时代，陆修静则要晚得多。那么为什么后人对这个典故如此津津乐道呢？**除了他们是"魏晋风流"的写照外，故事本身还暗含了儒释道合流的内涵**，逐渐成为经典画题。李公麟、赵孟頫、文徵明等大画家都曾画过"虎溪三笑"。现存世最早的是收藏于台北故宫博物院的宋画《虎溪三笑图》。

现实中，陶渊明和慧远有没有交往过呢？陶渊明住在庐山脚下，离慧远的东林寺很近。而且与陶渊明并称"浔阳三隐"的周续之、刘遗民，也在庐山一带隐居，这二位都曾拜慧远为师。由此推测，陶渊明很有可能与慧远相识。晋朝人记载过一桩轶事：慧远法师曾邀请陶渊明参加他在庐山参与创办的白莲社。陶渊明的回复很简单，"**若许饮则往**"——让我喝酒我就来。没想到身在佛门的慧远居然应允了,陶渊明便欣然前往。到了没一会儿,可能觉得没劲便又皱着眉头离开了。

陶渊明很熟悉儒家思想,也深受老庄思想的影响,但他并没有因为自己有学问,便用道德礼教的条条框框度量他人,也不去模仿同时代那些不事劳作却沉溺于谈玄说道的风流雅士。可见,他是个会独立思考、不盲从的人。

不同时代的"虎溪三笑"

宋 佚名

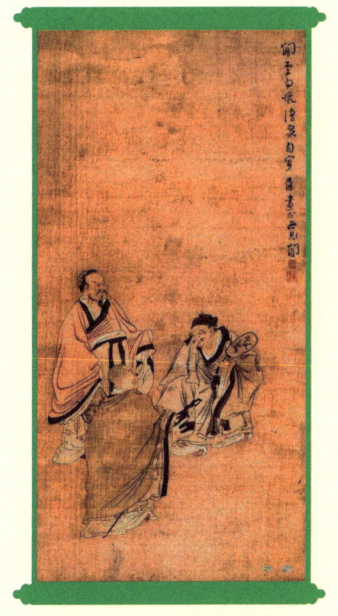

明朝 陈洪绶

现代 傅抱石

第二节
田园

陶渊明虽归隐，却也没有虚度光阴，农忙时辛勤劳作，农闲时串门访友，还留下许多经典诗作。

田园诗第一人

田园诗和山水诗是一回事儿吗？我们先来简单地做个比较吧！

田园诗	山水诗
描写对象：山村乡野的生活	描写对象：山川名胜
癸卯岁始春怀古田舍（节选）	石壁精舍还湖中作（节选）
[晋] 陶渊明	[南朝] 谢灵运
秉耒欢时务，解颜劝农人。	昏旦变气候，山水含清晖。
平畴交远风，良苗亦怀新。	清晖能娱人，游子憺忘归。
虽未量岁功，即事多所欣。	出谷日尚早，入舟阳已微。
耕种有时息，行者无问津。	林壑敛暝色，云霞收夕霏。

描写山水风光、田园农事的诗歌**早在《诗经》《楚辞》产生的时代就已出现**。如果把那些诗歌比作一场戏剧的话，山水田园只是这出戏剧的背景板。但是到了魏晋时期，诗人们忽然发现这些背景也可以成为主角。曹操的《观沧海》就**被认为是中国诗歌史上第一首完整的山水诗**。后来，与陶渊明差不多同时代的诗人谢灵运，则是**第一个大量创作山水诗的人**。

陶渊明是田园诗第一人。他辞官返乡后，写了大量田园诗，**成为这一题材最早也是最成功的推广人**。

中国古代诗歌写到田园农事，往往是为了体现农民从事劳动的艰辛，并以此劝诫统治者要体恤农民。即便是喜欢田园生活的陶渊明，我们在他描写隐居后乡间生活的诗中也能看到**诗人与泥巴、土地打交道的艰辛**。

那陶渊明为什么还要歌咏这种辛苦的生活呢？答案就在他这首广为人知的《归园田居（其一）》中。

归园田居（其一）

少无适俗韵，性本爱丘山。误落尘网中，一去三十年。
羁鸟恋旧林，池鱼思故渊。开荒南野际，守拙归园田。
方宅十余亩，草屋八九间。榆柳荫后檐，桃李罗堂前。
暖暖远人村，依依墟里烟。狗吠深巷中，鸡鸣桑树颠。
户庭无尘杂，虚室有余闲。久在樊笼里，复得返自然。

诗人一开篇就说自己天性就喜欢亲近大自然，现在终于能摆脱世俗事务，回归田园。他先在宅旁开垦出十余亩田地，又建八九间草屋，房前屋后还种着榆柳桃李。生活的村子也是一派生机勃勃，远处炊烟袅袅，近处鸡鸣狗吠。这样恬静和谐的生活，带给诗人平实的愉悦。

看到这里，有人一定会觉得奇怪，这种生活，这么平平无奇，哪里愉悦了？陶渊明也太容易满足了！

但如果回忆一下前面提到的陶渊明生活的时代，或许就能对他多一些理解。外面的世界有多么动荡，政治有多么混乱，大小战争有多么频繁，**眼下简简**

单单的田园生活就有多么珍贵。更何况陶渊明在外做官时，眼见社会环境这么差，自己却没办法改变它。为了养家糊口而做个小官，却要忍受官场上的虚伪与倾轧。理想与现实的矛盾一直折磨着陶渊明的内心，回归田园后，他终于可以放下束缚，不用勉强自己做不喜欢的事情，获得了精神自由。更何况，归隐后时间充裕，他还有书和琴相伴，也并不寂寞。

如此说来，就可以理解，为什么陶渊明在诗中会将过去的官场生活比喻为"尘网""樊笼"，自己曾经是落网的"羁鸟"，困入笼中的"池鱼"。现如今"归园田居"，就好比鱼鸟回归了大自然，恣意遨游，当然快乐！正因如此，诗人每每提到田园生活，才会用"归"字，像归家带来的安全感一样，**回归田园，也是回归自然与自我**。

不亲自耕种就写不出这样的诗

前面的"文学课"中曾提过,好的文学作品会引起读者的情感共鸣。陶渊明的诗就是如此,他不仅向读者描述田园生活的美妙,他还邀请读者与他一起生活在田园中。

早晨去处理田中的荒草,归来时拎着的锄头上或许还沾有泥土,不经意间抬头发现月亮已经挂在天上。狭窄的小道上草木飞长,回到家时才发现衣服的下摆已经被露水沾湿……

这样细腻又合乎情理的细节描写在陶渊明的作品中俯拾皆是,恰恰源自诗人自己的亲身经历。例如,在《归园田居(其二)》中,他写道:"**桑麻日已长,我土日已广。常恐霜霰至,零落如草莽。**"他对农作物、田地的关心如此真切,也感染着读者,让人读罢还时不时会惦念陶渊明田中的桑麻后来怎么样了。

很多文学家都有这样敏锐的洞察力,但是他们未必会像陶渊明这般亲自劳作,作品中自然缺少耕作的真实细节,感染力就不够。换个角度来看,不少亲自从事农活的普通人也许知道诸多耕作常识,但他们又没有陶渊明的妙笔。所以,陶渊明作为诗人里种田最有心得的,务农者中最会写诗的,他的诗篇自然真实可信又有常人难以发觉的意趣。

陶渊明之后，不少文人被他的田园诗深深吸引，甚至还有诗人亲自干农活。例如苏轼，他就很欣赏陶渊明这句"平畴交远风，良苗亦怀新"，说若不是亲自耕种过的人，写不出这样的诗句来。而苏轼可以领略诗句的妙处，自然因为他也曾亲自开荒种地。

田园诗成为长盛不衰的文学题材

在晋宋之交的乱世，陶渊明笔下朴素的田居生活，如此丰富又如此难得，成为后世文人理想的耕读生活图景。这些生活细节与心得感悟皆源自他真实的人生，却又在无意间创造了另一片十分广阔的诗世界，里面不仅有他观察到的生活的真实美感，也有它寄寓希望的理想社会。这个世界因他而真实又充满诗意，同时又是如此自由开放，引得后世无数文人在此"开垦田地""修建屋舍"，用诗句建造属于各自的田园，尤其唐代的山水田园诗派，其代表诗人王维、孟浩然、韦应物、柳宗元都是优秀的继任者。他们的诗句不断丰富着陶渊明的田园世界，也让田园诗成为千年来长盛不衰的文学题材。

陶渊明种地种得怎么样?

有人可能会觉得"书生手无缚鸡之力",陶渊明会读书作诗,可他会种地吗?能养活自己吗?……越想越有点替他担心啊。在很多人的想象中,陶渊明的隐居生活大概是这样:种一小块地,养几只鸡鸭,摆弄花花草草,看书喝茶发呆,每天睡到自然醒……真令人羡慕啊!可事实真的如此吗?我们通过他的诗来看看吧!

诗人真的会种地吗?

归园田居(其三)

种豆南山下,草盛豆苗稀。
晨兴理荒秽,带月荷锄归。
道狭草木长,夕露沾我衣。
衣沾不足惜,但使愿无违。

《归园田居(其三)》描写了陶渊明早出晚归的务农日常。尽管他披星戴月地干活,可"**草盛豆苗稀**",看起来结果不太尽如人意。于是常常有人用这首诗来证明陶渊明不擅长农事,甚至还有人认为,这侧面证明陶渊明很懒,不认真种地,进而推导出:他的田园生活多轻松悠闲啊……

我们当然不能用今天的思考习惯和认知水平去推想古人。其实,无论是古代农书《齐民要术》，还是现代的农业经验，都证实豆子需要深耕，种子要埋得深一些，而且植株需要较大空间才能长得茂盛，不能过密。另外，"地不求熟"，在新开荒的土地种豆子更好，陶渊明也写过"**开荒南野际**"这样的诗句，但不能确定他开荒是否是为了种豆子。新开辟的土壤中杂草的残根和草籽本来就多，豆苗又行距稀疏，"草盛豆苗稀"的情形其实再正常不过了。如果用这首诗来说明陶渊明不会种地，可就误会诗人了。

乡居生活什么样？

杂诗（其八）

代耕本非望，所业在田桑。
躬亲未曾替，寒馁常糟糠。
岂期过满腹，但愿饱粳粮。
御冬足大布，粗绨已应阳。
正尔不能得，哀哉亦可伤！
人皆尽获宜，拙生失其方。
理也可奈何，且为陶一觞。

即使诗人农活儿熟练，还有僮仆帮忙，真正的乡居生活还是非常艰辛的。《归园田居（其三）》里诗人就写道："**晨兴理荒秽，带月荷锄归。**"从早忙到晚，辛苦忙活一年，温饱可能依旧成问题。《杂诗（其八）》写的就是诗人艰辛讨生活的日常：没有奢侈的欲求，躬耕不停，只愿能吃饱粗粮，冬天有足够的粗布裹体，春夏有葛布遮阳。但连这样的需求都不能满足，我一时也想不到其他办法，唉，真令人悲伤。

有时赶上天灾，更是雪上加霜："**炎火屡焚如，螟蜮恣中田。风雨纵横至，收敛不盈廛。**"（《怨诗楚调示庞主簿邓治中》）螟、蜮是两种害虫，吃叶子的是蜮，吃芯儿的是螟。旱灾、虫灾、风灾、雨灾，陶渊明都赶上了，收成当然好不了，甚至连税都交不上。

九月菊花花神

中国古人给十二个月每月选出一种花,每种花配上一个花神。虽然不同朝代、不同地域,花神版本不尽相同,但在大多数版本中,九月"菊月"的花神都是陶渊明。

陶渊明被视为菊花的知音。其实除了陶渊明,很多人都写过关于菊的妙句:若论时间,最早是大诗人屈原在《离骚》中写的"朝饮木兰之坠露兮,夕餐秋菊之落英";若论细腻,女词人李清照的"莫道不销魂,帘卷西风,人比黄花瘦"写透相思之情;若论气势,又有黄巢的"待到秋来九月八,我花开后百花杀。冲天香阵透长安,满城尽带黄金甲"。但"采菊东篱下,悠然见南山"一出场,便独占鳌头,那恬淡中道不尽的自然真趣,为千古读者所激赏,就此盖章认证:陶渊明是菊花的代言人。

最爱菊与酒

在陶渊明的诗中,菊与酒常常相伴出现,它们是陶渊明的最爱,也是他诗歌中最典型的两个意象。有一个关于陶渊明的颇有人气的典故,就与菊和酒有关。我们从他的一首诗开始讲起。

九日闲居并序

余闲居,爱重九之名。秋菊盈园,而持醪靡由。空服九华,寄怀于言。

世短意常多,斯人乐久生。日月依辰至,举俗爱其名。
露凄暄风息,气澈天象明。往燕无遗影,来雁有余声。
酒能祛百虑,菊解制颓龄。如何蓬庐士,空视时运倾。
尘爵耻虚罍,寒华徒自荣。敛襟独闲谣,缅焉起深情。
栖迟固多娱,淹留岂无成。

这首诗前面有几句小序,这里的"醪"就是酒,"靡由"指没有机缘,"九华"是菊花的代称,"服"则是食用的意思。诗人写道:我爱重阳节,在这个节令,满园的秋菊盛绽,然而自己空对美景却无酒助兴,所以写下这首诗。

萧统曾写过一篇陶渊明小传《陶靖节传》,里面讲到:某年重阳节——很可能就是写下《九日闲居并序》那年,正当陶渊明对菊花愁叹时,远远来了个白衣人,原来是一直想结交他的江州刺史王弘特地差人送酒来。率真的诗人毫不客气,等不及回家,坐在地上当场就喝了个大醉。

唐代诗人们尤其喜欢这个关于菊与酒的典故。"初唐四杰"之一的王勃写过《九日》:"**九日重阳节,开门有菊花。不知来送酒,若个是陶家。**"爱酒的李白也写过《九日登山》:"**因招白衣人,笑酌黄花菊。我来不得意,虚过重阳时。**"以此表达对洒脱旷达的生活态度的向往。

通晓心意的菊花

重阳节是个十分古老的节日。早在西汉时,重阳节就有三大习俗:佩茱萸、食重阳糕、喝菊花酒。古人称菊花为"延寿客",认为菊花有延年益寿的效用。陶渊明也这样认为,他在《九日闲居并序》里写道"**酒能祛百虑,菊解制颓龄**","制颓龄"就是抑制衰老的意思。

不仅如此,陶渊明诗歌里的菊花颇有"人格魅力",这独占秋色的"养生之花"摇身一变,成为一位通晓人情事理的伙伴。如《和郭主簿(其二)》所写:"**芳菊开林耀,青松冠岩列。怀此贞秀姿,卓为霜下杰。**"秋菊寒霜傲立的品格,不少诗人都写过,但就是不如陶渊明寥寥几笔简练传神。又如"**采菊东篱下,悠然见南山**",花如友人般陪伴左右。此外,《归去来兮辞》里还有一处很动人的描述,诗人经历一番坎坷后辞官,回到家后看到"**三径就荒,松菊犹存**",最爱的松菊仍在原处,默默等候诗人归来,那一刻,菊花仿佛与他心意相通,感受到他复归田园的快乐。

陶渊明开创了文人赏菊的传统,"陶菊""东篱菊"理所当然地成了诗词中菊花的代称。重阳节也融入新的内容:赏菊。到了宋代,重阳菊如同中秋月,已成为这个节日的核心要素。有意思的是,陶渊明爱菊,但他的诗文全集中仅有六处提到菊,甚至没有写过一首或一篇专门的咏菊诗文。而在魏晋六朝,曹丕、萧统、潘岳、王羲之等三十多位诗人都专门为菊作过各种赋、颂、赞、铭等。不过后人印象最深的,还是宋代周敦颐在《爱莲说》中所写的"**晋陶渊明独爱菊**",高洁的菊花成了"花之隐逸者"。

这大概就是大诗人的人格魅力吧,陶渊明以一己之力,让菊花的美名代代流传。

平淡之美

有两种古代瓷器特别能代表两种典型的审美喜好。一种是清乾隆朝的官窑瓷，五颜六色，工艺复杂，华贵非常。喜欢它的人尤为欣赏这种豪奢精巧的风格，不喜欢它的人则认为实在太浮夸。另一种是宋朝汝窑瓷，造型极简，多为纯净内敛的单色，有的人觉得它很有格调，有的人则品不出它的韵味。

汝窑天青釉圆洗（宋朝）

汝窑"甲"字青瓷圆洗（宋朝）

各种釉彩大瓶（清朝）

珐琅彩缠枝莲纹双连瓶（清朝）

诗世界也一样，可以容纳各种风格，华丽的、有趣的、清新的……每位读者都能从中找到最符合自己喜好的那首诗。我们的大诗人陶渊明，则像汝窑瓷一样，乐于在平淡中寻找乐趣，在诗世界里留下一个个充和、超然的印记。不是堆砌形容词，用一堆排比，写得花团锦簇的文章，就叫好文章。平淡也并不意味着枯燥乏味、清汤寡水。**平淡之美到底美在何处？** 诗人陶渊明大概最有发言权。

生活之诗

说陶渊明诗歌平淡，不是指思想内容平淡，而是指其贴近生活。**将日常生活诗化**，是他的一大创新。在陶渊明之前的屈原、曹操、曹植、阮籍、陆机等诗人，也写他们生活的现实世界，但家国政治是常见题材。陶渊明则选择用家常话写家常事，还写得情意盎然。直到三百多年后，才有大诗人杜甫接棒，将这种风格发扬光大。

咏怀（其一）
［三国·魏］阮籍

夜中不能寐，起坐弹鸣琴。
薄帷鉴明月，清风吹我襟。
孤鸿号外野，翔鸟鸣北林。
徘徊将何见，忧思独伤心。

诸人共游周家墓柏下
［晋］陶渊明

今日天气佳，清吹与鸣弹。
感彼柏下人，安得不为欢。
清歌散新声，绿酒开芳颜。
未知明日事，余襟良以殚。

就拿阮籍与陶渊明的两首诗略作比较。这两首诗都从日常生活入笔，词句写实，语言平实易懂。《咏怀（其一）》描写的是阮籍又一个失眠的夜晚，迎着清风坐对明月抚琴，也难以排解内心忧思。让诗人忧心失眠的或许正是昏暗无常的现实。

陶渊明的《诸人共游周家墓柏下》，扫墓祭奠原本是个沉重的话题，可开篇一句敞亮的大白话"**今日天气佳**"就奠定了明朗的基调，诗人与友人在一个天气好的日子里共游于墓柏之下。大家畅饮欢歌，好不轻松惬意。是啊，生死之事谁能预知，倒不如快意当前。后来人李白也有相似的共鸣，正是"**人生得意须尽欢，莫使金樽空对月**"。陶渊明不似李白那般豪迈，是用平实语言发出深沉的感叹。

种豆南山下　　秋菊有佳色　　孟夏草木长　　狗吠深巷中　　微雨从东来

摘我园中蔬 　　夜中枕席冷 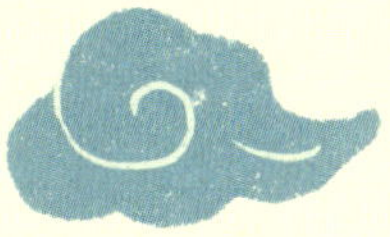　　遥遥望白云 　　暧暧远人村 　　亭亭月将圆

陶诗描写的对象，如村舍、鸡犬、豆苗、桑麻，就是这样平凡，没有夸张和修饰。有人调侃这些词句如大白话，但却忽略了诗句平淡中蕴含的悠长韵味。

再来看《拟古（其三）》这首：

仲春遘时雨，始雷发东隅。众蛰各潜骇，草木纵横舒。
翩翩新来燕，双双入我庐。先巢故尚在，相将还旧居。
自从分别来，门庭日荒芜。我心固匪石，君情定何如？

春天来了，燕子双双回到我的草庐。一年来门庭日见荒芜，我依然过着贫穷的隐居生活。白描铺垫到这里，笔锋一转，用燕子的口吻问诗人：分别后这庭院日渐荒芜了，但我留在这里的心坚定如一，你的心也似我这般坚定吗？多像一个美丽的童话。

不比华丽比传神

在陶渊明生活的时代，流行华丽的诗文语言，有些诗人简直像抱着辞典写诗，一边写一边与别人比赛谁用的典故多，所以他们写的诗一般人都看不懂。例如，陶渊明的好友颜延年写诗就喜欢用典，他有首《赠王太常一首》，诗中都是如"**玉水记方流，璇源载圆折。蓄宝每希声，虽秘犹彰彻**"一样的诗句，全诗几乎无一字不用典，却也让诗过于臃肿而失去了灵性。

陶渊明与他不同，我手写我心，坦荡明了。语言虽然简单但绝不粗糙，陶渊明也很讲究炼字。

草木纵横舒——《拟古（其三）》
一个"舒"字写活了春天里的草木舒张着身体向四面八方自如伸展的生动姿态。

蔼蔼堂前林，中夏贮清阴——《和郭主簿（其一）》
这一句中"贮"字最传神，让炎炎夏日中林中的清凉仿佛变成可以触碰的物体，能被贮存起来随时用来解暑。

春秋多佳日，登高赋新诗。过门更相呼，有酒斟酌之。农务各自归，闲暇辄相思。相思则披衣，言笑无厌时——《移居（其二）》
这短短数句虽简单易懂，用词朴实无华，但是不是很有画面感？仿佛能看到诗人生活中的点滴细节，可见所用之词是经过高度艺术提炼的。

倾耳无希声，在目皓已洁——《癸卯岁十二月中作与从弟敬远》

这十个字看似平淡，却从听觉、视觉两种角度勾勒出冬雪的轻柔之美，当它静静飘落时，即便"倾耳"去听都无声无息，外面却已一片雪白。

有风自南，翼彼新苗——《时运（其一）》

这句诗中哪个字最妙？当然是"翼"字啦，诗人用一个简简单单的字描写了和煦的南风轻柔拂过新长出的禾苗的情景，除了展现出生机盎然的春景，也表达了诗人对自然的欣赏与热爱。

这些都是常见却很贴切、很灵动的词，几乎一字不可更易，诗人炼字炼得不露痕迹。陶渊明的大粉丝苏轼，对这点看得很明白，将他的诗概括为"**质而实绮，癯而实腴**"，说它看似质朴却又绮丽，看似清癯实则丰腴，回味无穷。另外还有元朝大诗人元好问的总结："**一语天然万古新，豪华落尽见真淳。**"说的同样是这个意思。后世很多人都认为，用华丽的词语堆砌起来的诗其实容易写，这种平淡自然的美学追求，反而是难以企及的最高境界。陶渊明的诗，公认难学。

难，也抵挡不住同行们的崇尚追随。辛弃疾到了晚年，每天都在读陶渊明的诗，说他是"**千载后，百篇存，更无一字不清真**"，篇篇都是精品。

第三节
名士风范

后世人很推崇陶渊明,说他具名士风范,身上有魏晋风骨,这与当时的思想风潮有关。

影响陶渊明的魏晋玄学

魏晋名士往往特立独行，他们都有一个共同之处——乐于钻研哲学，在他们的推动下形成了魏晋独特的玄学思潮。作为文人的陶渊明也深受影响。玄学是什么呢？这就要从魏晋之前的东汉说起了。

汉末以来，战事不断，瘟疫肆虐，人的生命如草芥。文人也常被卷入激烈的政治斗争中，连生命安全都无法保障，功名利禄这些身外之事自然变得不太重要了。连王朝都如此容易被颠覆，道德教条和仪礼规范也就丧失了约束力，魏晋名士用放纵的行为来对抗虚伪礼法，表达对政治现实的不满。

东汉风行"名教之治"。简而言之，就是朝廷鼓励人们追求名声，并且通过名望声誉来选拔官僚。例如，东汉末年，名士许劭和许靖主持了一个被称为"**汝南月旦评**"的人物品评会，给准备出来做官的年轻人打分、写评语。"汝南月旦评"名气极大，普通人一旦得到他们的好评，声望便陡增百倍。但"名声"的评判并没有客观的标准，因此，在所谓"**名教之治**"下，一些精于算计却没有真本领的士人，往往会利用它的漏洞来包装自己，说些故作高深的话博得关注，炒作自己，借此走上仕途。但实际上，他们对国家发展没有丝毫帮助。东汉灭亡之后，**魏晋士人开始反思名教，继而有了对抗名教的思潮——玄学**。

什么是玄学

玄学，是什么"玄"呢？"学"的又是什么？我们可以从"玄"字的本义说起，"玄"就是幽深，或者说远离现实世界。比方说，"早起开门七件事，柴米油盐酱醋茶"，这些日常生活中的东西，和每个人的距离都很近，这就不是玄学关注的对象。我们看得再远一点儿，比方说政府的机构设置、官员的选拔方式……这些是传统儒家关注的内容，也不是玄学要研究的。玄学家们既不关心生活中的"事物"，也不关心社会中的"事务"，他们把思维推得更远，尽量远离我们的日常生活，关注思考这些问题：世界的本源是什么？人类社会的运行规则和自然规律有什么样的关系？语言能否完全地表达圣人之意？……

到此，我们就可以大致弄明白玄学的概念了：它指的是魏晋时期出现的一种**老庄思想糅合儒家经义的思潮**，当时的士人都以讲话内容"玄远"为荣，也就是使话题远离具体事物，专门讨论一些深奥抽象的哲学问题。

清谈

除了写文章阐述思想，玄学家还有自己非常独特的研究方式——"清谈"。通常先由主方提出对主题内容的见解，另一方则"问难"，进行质疑驳辩，双方就此展开一场辩论会。

玄学清谈的兴起，一方面与当时的局势有关——魏晋之际，上层政治斗争激烈残酷，因为言论获罪甚至被杀之事屡有发生，所以士人开始谈论不涉及具体事务的玄学，以免招致灾祸；另一方面，士人讲究玄学清谈，也有反对名教约束、追求个性本真自由的原因。

除了关注这些与生活距离十分渺远的哲学问题，魏晋的玄学家们还推崇老子、庄子清静无为和崇尚自然的理念。他们提出一个经典理论："**越名教而任自然**。"这里的"自然"，是自然而然的意思，既指天地万物的本性，也指人的纯真本性。也就是说，他们提倡超越儒家的伦理纲常束缚，任本性自由伸展。

玄学家们身体力行地推崇"自然"，生活方式也随之改变：有的人放浪形骸、率性而为，比如前面讲到的"竹林七贤"；有的人则选择了遵从自我，顺应自然，一如陶渊明。只是对于陶渊明来说，"**自然**"**并不只是概念而已**，它是如此亲切可人。他在诗中自评"**性本爱丘山**"，说自己有亲近自然的天性。他还在《饮酒（其五）》中吟道："**此中有真意，欲辨已忘言**"——真理自然而然存在，并不需要复杂的辩论来揭示，这和庄子所说的"**道不可言，言而非也**"很相似。虽然陶渊明不是玄学家，但他仍不免受到玄学的影响，我们在阅读陶渊明时，是不能将他与时代以及这个时代的思潮隔绝开来的。

要点提示

麈尾

这是魏晋士人清谈时的必备道具。麈是一种鹿，传说麈迁徙时以前麈之尾为方向标志。人们在细长的木条两边及前端插设兽毛，或让兽毛垂露外面，做成类似马尾松的样子，取名"麈尾"，也就是领袖群伦的意思。名士们清谈的时候拿着它指点一番，用今天的眼光看，算是一种时尚配饰吧。

《老子》 宇宙之书 春秋

"玄之又玄,众妙之门。"

魏晋玄学的"玄"字其实就来自《老子》这句话,意思是并非一般的玄妙深远,而是一切奥妙的门径。这部经典的核心理念是"道"——有时意味着宇宙的本体,有时指万物运行的规则,有时是人生的准则。老子认为,道是不可言说的,人的感官也不能直接感知,视之不见,听之不闻,也抓不住,是不是很玄妙?

《庄子》 梦境之书 战国

"不知周之梦为蝴蝶与,蝴蝶之梦为周与?"

某日,庄子在睡梦中觉得自己变成了一只蝴蝶,翩然飞舞,四处游荡,全然忘我。庄子醒来后还是忘不了那个梦。他有些迷惘:究竟是他在自己的梦中变成了蝴蝶,还是蝴蝶在它的梦中变成了他?哪一个是真的呢?庄子关注到人的意识和现实的联系,是不是也很深奥奇妙?

《周易》 命运之书 先秦

"天行健,君子以自强不息。"

《周易》是一本古代占卜书。上古时期,先民对世界的认识还相对"简单"。当他们无法解释生活中的自然现象时,便认为有更强大的神明在主导着世界。先民相信,占卜是与神明沟通的一种方式,能预知福祸,就好比开启了一场人生的开卷考试,只要按照占卜中的"答案"去生活就能得到人生的"高分"。古人从这个过程中也总结出许多科学知识与哲学思想。据传,后来由周人将其整理成书,是为《周易》。到了魏晋,《周易》也成为颇受玄学家们欢迎的哲学典籍。一部向神灵问卜吉凶的书,是不是也很玄妙?

"清新版"名士

作为士大夫中曾经的一员,陶渊明自然也受时代影响,不乏一些另类又不拘一格的生活方式。

《宋书》记载,不通音律的陶渊明却喜欢弹琴,而且弹的是一张无弦琴。没有弦怎么演奏出声音?陶渊明对此却并不在意,每次喝酒喝到酣畅之时,都要弹拨一番,"**抚弄以寄其意**",沉浸在想象的乐曲中。

说到喝酒,陶渊明也很率性而为。有一次,他正在家里酿酒,地方上的郡将(官职名)来拜访他,适逢酒熟,他顺手便将头上的葛巾摘下来漉酒,也就是过滤酒糟,滤完又将葛巾扎回头上。

那么诗人是怎么看待自己的呢?是不是也认为自己颇有名士风范?陶渊明写过一篇自传《五柳先生传》,留给后人一幅他的自画像。

"**先生不知何许人也,亦不详其姓字。宅边有五柳树,因以为号焉。**"("五柳先生"从此成了陶渊明的另一代称。)他喜欢安静,话少,爱读书,每当读到会意处,高兴得连饭也忘了吃。不过,他的生活条件可真不怎么好,"**环堵萧然,不蔽风日。短褐穿结,箪瓢屡空**",可谓家徒四壁,不过,陶渊明倒也安然生活其间,写写文章种种田,就这么了此余生。

这么看来,陶渊明没有阮籍、嵇康等名士那般癫狂,是一个"清新版"的魏晋名士。而**这种写自传不重生平记事,而是自叙情怀的方式,也是陶渊明的首创。**唐代王绩的《五斗先生传》、白居易的《醉吟先生传》都深受其影响。

诗与酒

像大多数魏晋名士一样,陶渊明酷爱饮酒。不似爱菊却很少写到菊,他的作品中倒是常常提及酒。常见的解释是,陶渊明借酒避世排解精神苦闷,就像前面讲过的肆意纵酒的"竹林七贤"。这种说法有道理吗?让我们先读几篇陶渊明的饮酒诗感受一下!

饮酒(其三)

道丧向千载,人人惜其情。
有酒不肯饮,但顾世间名。
所以贵我身,岂不在一生。
一生复能几,倏如流电惊。
鼎鼎百年内,持此欲何成。

饮酒(其七)

秋菊有佳色,裛露掇其英。
泛此忘忧物,远我遗世情。
一觞虽独尽,杯尽壶自倾。
日入群动息,归鸟趋林鸣。
啸傲东轩下,聊复得此生。

饮酒(其十四)

故人赏我趣,挈壶相与至。
班荆坐松下,数斟已复醉。
父老杂乱言,觞酌失行次。
不觉知有我,安知物为贵。
悠悠迷所留,酒中有深味。

陶渊明的饮酒诗里,似乎很难找到与政治相关的内容。所以后来有一种说法:陶渊明一生并没有出任过要职,没有触达过核心统治阶层,他彻底辞官后,与政治更是了无干系,因此也不用像一些魏晋名士般借醉酒逃避现实。

古典文学研究者叶嘉莹却不这么认为：那些给陶渊明送酒的人，总是有所求，或是劝他出仕做官，或是问他如何打仗的攻伐问题。陶渊明每次都是留下酒又委婉而果决地拒绝他们，但饮酒时，陶渊明自然会想起这些"忠告"与要求，他边饮酒边思考，才写下这些诗。

那么，你的看法是什么呢？

陶渊明的大粉丝苏轼曾提出一个略带调侃意味的疑问："**不知陶公方饮酒中，何缘记得此许多事？**"陶渊明都喝醉了怎么还能记得这么多事情，还写了下来？

陶渊明好酒，但不嗜酒，酒品还不错，与他的前辈"竹林七贤"也不尽相同。比如刘伶，他常乘鹿车，携一壶酒，让仆人扛着锄头跟着自己，宣称哪天死了就随地把他埋了——看似随性，无惧生死，但内心对生命是颇有些悲观失望的。

陶渊明大多数的饮酒诗，都写到生命与死亡的主题。他在认真思考，人生如此短暂，究竟哪些是自己真正在乎的事。也许是田地里的庄稼长势如何，也许是案头那本书什么时候读完，又或是家中有没有酒可以喝……归结起来就是他想自由且脚踏实地地生活、真真切切地做自己。他可以不为五斗米折腰，但并没有放弃生活，田里长出的新苗、秋日里绽放的菊花、村舍里无数个宁静祥和的日夜……都很可爱。生命短暂，但这些可爱的事物却是永恒的。他坦然地生活其中就好，能时不时饮一杯新酒更好！

后来之所以有那么多文人赞美陶渊明，就是因为他将这些思考毫无保留地、坦诚地写到诗文中，让大家看到一个脚踏实地、仰望星空的有趣之人。

《闲情赋》——
你竟是这样的陶渊明

中国古人写起爱情诗来，感情很是饱满。汉代乐府诗《上邪》："山无陵，江水为竭，冬雷震震，夏雨雪，天地合，乃敢与君绝。"那叫一个石破天惊。一千多年前，也有一封感情特别浓烈的"情书"可与之媲美，它是这样写的——

"夫何瑰逸之令姿，独旷世以秀群。表倾城之艳色，期有德于传闻。"

首先毫无保留地赞美了一个倾国倾城的美人。

"送纤指之余好，攘皓袖之缤纷。瞬美目以流眄，含言笑而不分。"

接着描写美人坐在朱红色的大帐里抚古琴从她弹琴的身姿开始，欣赏一个个美的细节：纤细而灵活的手指，抚琴时衣袖上下翻飞，一双眸子顾盼生辉。

"待凤鸟以致辞，恐他人之我先。意惶惑而靡宁，魂须臾而九迁。"

写"情书"的人想主动去跟她搭讪，又忐忑得不行。想托青鸟帮他带个话，但又怕别人抢了先，内心里翻来覆去，纠结不已，想了一遍又一遍。

"愿在眉而为黛,随瞻视以闲扬。"

"愿在夜而为烛,照玉容于两楹。"

"愿在发而为泽,刷玄鬓于颓肩。"

"愿在衣而为领,承华首之余芳。"

"愿在木而为桐,作膝上之鸣琴。"

"愿在竹而为扇,含凄飙于柔握。"

"愿在莞而为席,安弱体于三秋。"

"愿在昼而为影,常依形而西东。"

"愿在裳而为带,束窈窕之纤身。"

"愿在丝而为履,附素足以周旋。"

他太喜欢这美人了,一连许了十个愿望:愿做她的衣领、她的裙带、她的影子……总之只要能相伴她左右,怎样都成。作者内心进行着一场又一场拉锯战,每次满怀希冀地许愿,又会悲叹每个愿望不一定都能实现,可能无法保证陪伴她长久。可怜的诗人深陷单相思,倾诉许久后感慨"**坦万虑以存诚,憩遥情于八遐**",还是保住真诚、放下思虑吧,就把我的感情放逐到八荒之外吧!

这深情的作者到底是谁啊?让很多人大跌眼镜的是,这封"情书"竟然出自陶渊明之手!

"情书"的秘密

这封"情书"是写给谁的？又是什么时候写的呢？人们纷纷猜测。有人说，写于他19岁热血青年时，有人认为是写给他未来的第二任妻子翟氏的，还有人说这是他"老夫聊发少年狂"的晚年之作。

像叶嘉莹就认为，"情书"的女主角品格高雅，不是现实中存在的，是陶渊明理想中一个美好的象征，对美人的追求即对理想的追求。

众说纷纭，不过这些都是人们的推断。文中的美人是否真实存在，难以下定论。无论如何，这篇"情书"都像是陶渊明的一个美丽的白日幻梦，他的真性情一览无余。

闲情是什么？

历代诗人们对陶渊明的田园诗喜欢得不得了，对与田园诗风格大不同的《闲情赋》却评价不一。像一手"发掘"陶渊明的大粉丝萧统，恨不得自己能与陶公生在同一个时代，却接受不了这篇赋，说"**白璧微瑕者，惟在《闲情》一赋**""**惜哉，亡是可也**"，宁可诗人不要写它。

苏轼则对萧统的说法大为不满，"**此乃小儿强作解事者**"，说萧统是小孩子不懂事乱讲。苏轼给出理由："**渊明《闲情赋》，正所谓《国风》好色而不淫，正使不及《周南》，与屈、宋所陈何异？**"意思是承认《闲情赋》是抒写爱情之作，但这无伤大雅，纵使比不上《诗经》里的《周南》，和屈原、宋玉写的赋又有什么分别？

从苏轼的论述引申出一派观点，认为陶渊明热烈的情感其实别有寄托，其实是臣子对明君的情感，如屈原"香草美人"的意象，我们对此都不陌生了。

陶渊明自己是怎么说的呢？在这篇赋前，其实他还写了个小序，大意是说他这篇是学张衡的《定情赋》、蔡邕的《静情赋》而作（这两篇文章今天都失传看不到了），学他们将放逸的情感收敛，最终归于闲静端正。自己这么做是希望有助于教化，就是不知文采够不够，做得好不好。

这其实也是中国古典文学中，除了香草美人的意象外，描写情感的另一条出路：最终要将自己的情感收束到正轨中来，发乎情止乎礼。所以《闲情赋》的"闲情"，**不是悠闲的感情，而是"闲正"的感情。**

今天我们来欣赏《闲情赋》，可以有多个角度：欣赏一个人将爱而不得、怅然若失的心境，描写得如此淋漓尽致；欣赏文字中细腻婉转的情思；欣赏文辞的真切动人……

同时如鲁迅所说，认识一个作家要看他的全集——这样作家的形象才更立体：冲淡隐逸的陶渊明，同样有真挚多情的一面。

作为父亲的陶渊明

陶渊明有五个儿子——陶俨、陶俟、陶份、陶佚、陶佟,小名分别叫阿舒、阿宣、阿雍、阿端、阿通。他有首写给儿子们的诗,曾引发此后历代大诗人们的热议及争议。这首诗名《责子》,是这么写的:

> **责子**
>
> 白发被两鬓,肌肤不复实。
> 虽有五男儿,总不好纸笔。
> 阿舒已二八,懒惰故无匹。
> 阿宣行志学,而不爱文术。
> 雍端年十三,不识六与七。
> 通子垂九龄,但觅梨与栗。
> 天运苟如此,且进杯中物。

诗人说自己已经老了,白发苍苍,皱纹悄然爬上脸。虽有五个儿子,但他们无一例外地都不爱读书。老大十六岁了,没人能比他懒;老二年方十五岁,很不爱学习(出自《论语》"**吾十有五,而志于学**");阿雍、阿端是双胞胎,也不小了,十三岁的人却连六和七都分不清(这里很可能是陶渊明夸张了,是为了押韵而说的玩笑话);最小的阿通今年九岁,但也只知整天到处找梨子、栗子吃吃吃。面对这种境况,他又能怎么样,只好长叹一声:天意如此,罢了罢了,先干了这杯酒吧!

《责子》是真责子吗?

这首诗将老父亲的无奈表达得淋漓尽致,但又不乏幽默,这感觉和今天辅导作业的爸爸妈妈们不相上下。唐朝大诗人杜甫曾评价:"**陶潜避俗翁,未必能达道……有子贤与愚,何其挂怀抱。**"杜甫认为陶渊明虽然脱俗,恐怕还不能算真正达道之圣人,因为达道之人不会将儿子的贤愚挂怀于心。宋朝大诗人苏轼也有类似的观点。但苏轼的学生黄庭坚,则认为陶渊明并非真的愁叹,实则用慈爱的目光打量孩子们,写下这首轻松戏谑的诗。

陶渊明和天下所有父母一样,对孩子抱有望子成龙之心。他写过四言诗《命子》,文辞比较生僻,大意是追述如陶侃等先祖的荣光,盼望儿子们能重振家风。但现实中,眼看着他们无甚出息,诗人对此也不过偶发几句感慨。就像作家周作人所点评的:"**陶公出语慈祥甚,责子诗成进一觞。**"《责子》全诗读下来让人印象更深的,还是孩子们天真可爱的憨态。

让陶渊明念兹在兹的是:"**春秫作美酒,酒熟吾自斟。弱子戏我侧,学语未成音。此事真复乐,聊用忘华簪。**"[《和郭主簿二首(其一)》]簪是古人用来固定发髻的,华美的簪子指代富贵。这几句说的是:我喝着几杯自酿的米酒,牙牙学语的小孩子们绕在我周围游戏玩耍,这是人间真正的快乐,且把富贵荣华都抛到云外。

真情流露

415年,年过半百的陶渊明因患疟疾,认为自己大限已至,便给五个儿子写下《与子俨等疏》。幸好他挺过来了,又活了十余年。在这篇当时认为是遗书的文章里,他讲了不少肺腑之言。

他坦陈作为父亲的失职:"**性刚才拙,与物多忤……使汝等幼而饥寒。**"刚直的个性不适合官场,因为自己的辞官使孩子们从小就忍饥挨冻,因而常常心中抱愧。

但他也希望孩子们能理解自己,进而对他们讲起心中的理想生活:闲时安静读书,欣赏院中树荫、鸟鸣,初夏卧眠于窗下感受微风拂面……生活多么美好,可是家里这么穷,孩子们小小年纪也要承担劈柴担水之类的劳动,真是让他愧然无言。只能希望异母兄弟五人,能和睦团结到老。

陶渊明辞官,是不想束缚真我。他对孩子们的教育也一样,主张顺应自然,并不强求。只是告诉他们,比起荣华富贵,生命中更美好的是真挚深厚的骨肉亲情。从这个意义上说,陶渊明是位真正的好父亲。

责子与骄儿

唐代诗人李商隐对《责子》一诗没作点评,却写下一首《骄儿诗》,其中有云:"衮师我骄儿,美秀乃无匹。文葆未周晬,固已知六七。四岁知姓名,眼不视梨栗……"

文葆即绣花的襁褓,周晬意为周岁。李商隐说我的骄儿李衮师容颜秀美无双,不到一周岁就能分辨六和七啦!四岁就认识自己的名字,绝对不是个只知梨栗的小吃货……李商隐化用陶渊明的典故,将自家孩子猛夸了个遍。

第四节

理想世界

陶渊明曾将诗句化为利剑,批判现实,同时也描绘了一个理想世界,成为后来人的精神家园。

亦有金刚怒目的一面

> **咏荆轲**
>
> 燕丹善养士,志在报强嬴。招集百夫良,岁暮得荆卿。
> 君子死知己,提剑出燕京。素骥鸣广陌,慷慨送我行。
> 雄发指危冠,猛气冲长缨。饮饯易水上,四座列群英。渐离击悲筑,宋意唱高声。
> 萧萧哀风逝,淡淡寒波生。商音更流涕,羽奏壮士惊。心知去不归,且有后世名。
> 登车何时顾,飞盖入秦庭。凌厉越万里,逶迤过千城。图穷事自至,豪主正怔营。
> 惜哉剑术疏,奇功遂不成。其人虽已没,千载有余情。

"**少时壮且厉,抚剑独行游。谁言行游近?张掖至幽州。**"可能不少人会误以为这几句侠气十足的诗句是李白所作。其实,这是陶渊明《拟古》组诗其中一首的开篇。

人们都认为陶渊明"**闲静少言,不慕荣利**",生活里种田赏花,闲适安定,诗文也多写平淡日常,文风质朴。但我们每个人都不止有一种性格,陶渊明也一样,既有平和、温情的时候,也有热烈的一面,写过一些"火气"十足的诗作。鲁迅评价这些诗抒发了一种"金刚怒目"式的情感。我们不妨读读其中的代表作《咏荆轲》,来认识陶渊明的另一面。

《咏荆轲》是一首咏史诗,陶渊明以荆轲刺秦王的历史事件为主线,结合想象,描写了荆轲从出行饯别直到刺秦的故事,尤其是临行前的悲壮场面,写得画面感极强。

荆轲犹如侠客一般"**提剑出燕京**",友人们在易水边为他慷慨高歌。荆轲"**雄发指危冠,猛气冲长缨**",他知道此去凶多吉少,却仍在肃杀的秋风中义无反顾地登上奔赴秦王门庭的车。壮士一去兮不复还,他的精神却得以流传。

整首诗慷慨激昂,诗人似乎将一腔悲愤之情注入诗句,化为荆轲手中的利剑在纸上挥舞,读完不禁为英雄壮志难酬的结局而倍感哀痛惋惜。南宋理学家朱熹曾评价陶渊明的豪放是"**得来不觉耳**",好比平静的海面下实则暗流汹涌。可见,这也是陶渊明很真实的一面。

在那个消极、虚无的时代,陶渊明无疑是敢说真话的人。他对社会的黑暗现实有很多不满,于是将心中许多苦闷与愤懑都隐藏于恬淡静穆的诗文中,只有细细品读才能体会。正如清代学者龚自珍所言:"**吟到恩仇心事涌,江湖侠骨恐无多**。"

同类作品

除了《咏荆轲》之外,陶诗中比较有代表性的金刚怒目式诗句还有:《读山海经(其十)》中的"精卫衔微木,将以填沧海。刑天舞干戚,猛志固常在",《杂诗(其五)》中诗人回忆自己年少时"猛志逸四海,骞翮思远翥"等。此外《述酒》《饮酒》《拟古》等诗作中均有类似的诗句。

《桃花源记》：理想的世界

陶渊明把对现实的不满，在诗中慷慨直陈，一次次叹问：这个世界会好吗？理想的世界是什么样呢？

1516年，英国的托马斯·莫尔出版了一本书，叫《乌托邦》。书中虚构了一个位于大西洋上的名叫"乌托邦"的小岛，岛上的人过着美好的生活，人人平等，没有贫穷、压迫与苦难，是个令人向往的理想国度。后来人们常常用"乌托邦"来喻指理想社会。其实早于托马斯·莫尔一千多年，陶渊明也曾将心中的理想社会写出来，全文只用了三百二十个字，就创造出一个中国人独有的精神家园。这篇文章就是《桃花源记》：

桃花源记

晋太元中，武陵人捕鱼为业。缘溪行，忘路之远近，忽逢桃花林。夹岸数百步，中无杂树，芳草鲜美，落英缤纷。渔人甚异之。复前行，欲穷其林。

林尽水源，便得一山。山有小口，仿佛若有光。便舍船，从口入。初极狭，才通人。复行数十步，豁然开朗。土地平旷，屋舍俨然，有良田、美池、桑竹之属。阡陌交通，鸡犬相闻。其中往来种作，男女衣着，悉如外人。黄发垂髫，并怡然自乐。

见渔人，乃大惊，问所从来。具答之。便要还家，设酒杀鸡作食。村中闻有此人，咸来问讯。自云先世避秦时乱，率妻子邑人来此绝境，不复出焉，遂与外人间隔。问今是何世，乃不知有汉，无论魏晋。此人一一为具言所闻，皆叹惋。余人各复延至其家，皆出酒食。停数日，辞去。此中人语云："不足为外人道也。"

既出，得其船，便扶向路，处处志之。及郡下，诣太守，说如此。太守即遣人随其往，寻向所志，遂迷，不复得路。

南阳刘子骥，高尚士也。闻之，欣然规往，未果，寻病终。后遂无问津者。

一个以捕鱼为生的武陵人,有一日在溪间迷路,偶遇一片桃花林。只见两岸种满了桃树,微风拂过,花瓣纷纷飘落,犹如仙境。

面对这样的奇境,渔人也想一探究竟,便继续顺着溪流往桃林深处寻去。

寻到桃林深处,遇到一座山,山有小口,隐隐有光亮。渔人便舍弃船只,进入山口向光亮处寻去。起初通道十分狭窄,仅容一人通过。渔人又往前走了几十步,眼前豁然开朗。

展现在渔人眼前的是一片宁静祥和的景象,这里"土地平旷,屋舍俨然",有清澈的池沼与繁茂的桑树竹林,田间小路纵横交错,远处不时传来几声鸡鸣犬吠。在田间耕作的男女,衣着与桃林外的人没差别,村舍中的老人孩子,看上去无忧无虑。这里,便是桃花源。

很快,桃花源的村民发现了渔人,对他的到来感到十分惊讶与好奇。有人热情地邀请渔人去家里做客,杀鸡设酒款待他。村里人听说有外人来,也都赶来看热闹。

从他们口中，渔人才得知，这些居民的祖先为了躲避秦时战乱，领着妻儿与乡邻来到这个与世隔绝的地方，再也没出去过。他们问渔人现在是何年何月，他们居然不知有汉朝，更别提魏晋了。世事的变迁令大家都唏嘘不已。

渔人在这里逗留了几天后，便向村民告辞离开。临行前，村里人嘱咐他，没必要向桃源外的人提及这个地方。

渔人却没有遵守承诺。他出来找到船后，沿着来路返回，处处标记，回去后立马向太守禀报。太守派人跟随渔人重返桃花源，没想到却迷失了方向。后来，南阳有位名士刘子骥听说后，也兴冲冲地去寻找，同样以失败告终。此后，桃花源便渐渐地被世人遗忘了。

寻找桃花源

《桃花源记》描绘的是一个平等和谐的理想社会，这里没有赋税劳役，也不论君臣阶级，人们可以通过劳动自给自足，人与人之间也和谐友善，可以说，这既是《礼记》中曾提到的"大同世界"，又是老子所推崇的"小国寡民"。

陶渊明用看似轻快的笔触，将他对淳朴社会与恬淡人生的向往，都倾注在这篇虚构的"游记"中，也为后来人创造了一个理想社会的蓝本。他笔下的桃花源在现实世界中真的有迹可循吗？我们先来看看陶渊明之后，他心中的桃花源究竟出现没出现。

唐代诗人王维：桃花源当然是仙境啦！那个渔人真是愚昧，自以为来过的地方就不会迷路，却不知道那是仙境，怎么会让你找到！

唐代诗人刘禹锡：我赞同王维的观点。桃花源当然是仙境，那里山重水复，很难再找到啦！不过，我贬官在朗州时，偶遇一处美景（在湖南桃源县），特别像桃花源。仙境找不到，人间此处便是桃源吧！

北宋文学家王安石：我赞同韩愈的说法。桃花源应当是陶渊明心中的理想世界。不过，大家的关注点难道不应该是这个理想世界之外的那个动荡残酷的现实世界吗？

北宋文学家苏轼：有没有桃花源，按陶渊明的逻辑推一推不就知道了嘛。现实中也有不少与世隔绝的村落，里面也有活了一百多岁的老人。世上流传的那些桃花源的事儿，很多都是夸大其词。

从这些人的解读中，我们可以看到陶渊明笔下的桃花源与现实社会似乎近在咫尺。我们甚至可以感觉到，陶渊明将自己"归园田居"的隐士生活也融入其中。文章带给读者强烈的真实感，却又让人感觉虚幻缥缈，遥不可及。这种处于同一时空又无法抵达的隔绝感，或许正是《桃花源记》的魅力所在。

千百年来，无数人曾试图寻找桃花源，其实也都是在探寻自己心中的理想世界，寻找属于自己的世外桃源。

真实的桃花源会在哪儿？

尽管陶渊明在《桃花源记》中只指明了"武陵"一地，但人们寻找桃花源的热情，千百年来都未曾减退。

近现代以来，学界最著名的讨论之一，就是陈寅恪在1936年发表的《<桃花源记>旁证》，他认为真实的桃花源在北方的弘农或上洛（均在河南境内）。他认为《桃花源记》既有隐喻又有纪实，因此不妨据文考证原型地。陈寅恪提出了一个重要论点，就是西晋末年，北方曾盛行一种自保防御体系——坞堡，往往选择在"险阻而又可以耕种及有水泉之地"修建，这与《桃花源记》中记述的与世隔绝的村落有许多特点似乎不谋而合。但这仅是一家之言。

目前国内有云南省广南县坝美村、湖南省桃源县、河南省内乡县桃花源、安徽省黟县桃花源、湖北省十堰市桃花源等几十处地方，都宣称自己为桃花源的原型地。没有定论，也间接说明桃花源已成为一种文化符号，深植国人心中。

第三章 陶渊明和我们的今天

千古文人的精神偶像

陶渊明的作品在他生前并不为人所重视。尽管他一直在努力创作，但在同时代人眼中，他不过是位高雅旷达的隐士，他写的诗太过质朴，跟当时流行的辞藻华丽的风格格格不入，因此不被重视。直到陶渊明去世百年后，其才华才被人们认可。在中国文学史上，杰出的文学家不胜枚举，然而能在千百年来被封为精神偶像的文学家只有寥寥数人，陶渊明就是其中之一。

唐代诗人高适，年轻时郁郁不得志，直到将近 50 岁才因有人推荐做了一个小官。但面对庸俗的世态与黑暗残忍的官场，他"转忆陶潜归去来"，学习陶渊明远离污浊的社会现实。而大诗人李白"安能摧眉折腰事权贵，使我不得开心颜"的性格，也与陶渊明"不为五斗米折腰"的精神不谋而合。更别提北宋大文豪苏轼，他一直向往陶渊明恬静的隐逸生活，甚至认为"只渊明，是前生"。而以气节自负的辛弃疾，遭诬陷落职，在报国无门的苦闷中，深感"陶县令，是吾师"。

即便到了现代，陶渊明也是我们在课本上时常相见的老友，提到田园生活会想到他"采菊东篱下"，向往理想生活时会提及他笔下的桃花源……他以一人之力，为后来人留下了太多的精神宝藏。

有人佩服他宁折不弯的气节，有人向往他恬静闲适的生活，有人理解他不得志的苦闷，而所有人都爱他的真诚。

陶渊明就是这样一个坦诚对待世界、认真对待自己、诚恳对待生活的人，或许连他都不曾想到他这个"**不戚戚于贫贱，不汲汲于富贵**"的五柳先生，不知不觉间竟然有了这么多的千古知音。

陶渊明的知己们

魏晋南北朝

未曾见过面的忘年交：萧统

萧统一岁时便被立为南朝梁太子，当时陶渊明已去世七十五年了。他从小博览群书，对陶渊明的诗文很是推崇，遗憾自己没能与他生活在同一时代。为了让更多人知道他心目中的"第一诗人"，萧统为偶像作《陶渊明传》，还组织编撰《陶渊明集》，并亲自作序，表达对陶渊明的崇高敬意。在他之前，没有人系统搜集和整理陶渊明作品，他推动了陶渊明其人其文在后世的传播。

唐代

遗憾生不逢时：李白与杜甫

唐朝有很多诗人喜欢陶渊明，对他推崇备至。其中最有名的要数李白了，他的作品中关于陶渊明的诗文有近八十篇。李白不是唯一一个把陶渊明引为知己的唐朝诗人，在《可惜》一诗中，杜甫发出了同萧统一样的感慨："此意陶潜解，吾生后汝期。"只恨自己生得太晚，不能与陶潜同时。

"异世陶元亮"：白居易

白居易多次在公开场合表示"夙慕陶渊明为人"，他经常把"常爱陶彭泽"挂在嘴边，自称是"异世陶元亮"，不只仰慕他，还想成为他。他不仅亲访陶渊明故居，写下《访陶公旧宅》，还对陶公以酒自娱的洒脱大加赞赏，说陶渊明的作品"篇篇劝我饮，此外无所云。……其他不可及，且效醉昏昏"，自谦以陶公为楷模，却没法儿成为他那样的诗人，只学到了饮酒一技，成了有名的醉吟先生。

宋代

心中的唯一：辛弃疾、陆游、朱熹

辛弃疾流传至今的六百余首词作中，咏陶、和陶、借用陶诗典故的就有六十首。他常在词里提及偶像，也和苏轼一样，自知翻不过偶像这座高峰。辛弃疾对陶渊明的喜爱多少受前辈陆游和朱熹的影响。陆游少时废寝忘食地读陶诗，认为学诗就应该学陶渊明，好让自己处身端正。大教育家朱熹对此也深表赞同。"独叹渊明贤"是他对陶渊明的评价，他还说如果能与陶渊明身处同一时代，一定要同他做朋友。

与偶像隔空对话：苏轼

苏轼堪称"铁粉"中的楷模，他为后人定下了评价陶诗的基调："质而实绮，癯而实腴。"他视陶渊明为知音，声称"我即渊明，渊明即我"。他还破天荒地开创了今人与古人和诗的先例——模仿陶渊明的诗歌来创作，穿越时空与偶像对话，留下一百多首和陶诗。不仅如此，苏轼身体不舒服时，就拿起陶诗来读一首，还舍不得多读，好像这能给他治病似的。苏轼不单自己喜欢陶渊明，还拉上儿子、弟子一起。苏门大弟子黄庭坚就曾将陶诗比喻为天界诗仙神来之笔。

清代

"乌纱掷去不为官"：郑板桥

清朝诗人郑板桥十分景仰陶渊明。郑板桥曾说："三间茅屋，十里春风，窗里幽兰、窗外修竹，此是何等雅趣。"他用诗歌盛赞陶渊明不与世俯折的人格。陶渊明爱菊，郑板桥的诗歌则以竹为意象。被上司借故罢官后，他决然效仿陶渊明回归精神家园，画竹题诗表明心迹："乌纱掷去不为官，囊橐萧萧两袖寒。写取一枝清瘦竹，秋风江上作渔竿。"

众多近现代知音

陶渊明在诗坛的地位在宋朝彻底确立，此后再也没有动摇过，一直到近现代，他仍被公认为雄视千古的诗国巨人。王国维称他为旷世难遇的天才，将他排在伟大诗人屈原之后，美学家朱光潜称"可以和他比拟的，前只有屈原，后只有杜甫。屈原比他更沉郁，杜甫比他更阔大多变化，但是都没有他那么醇，那么炼"。就像鲁迅所言，陶渊明"正因为并非'浑身是静穆'，所以他伟大"，所以才会有那么多人喜欢、崇拜他，甚至想成为他。

追寻诗人的足迹

听过了这么多关于大诗人的故事后,你一定想知道,如果现代人想要"拜访"陶渊明,该去哪里呢?不妨就按着我们为你规划的路线,一起去追寻大诗人的足迹吧!

一 陶村 地点:安徽省黄山市黟县

陶村原名赤岭村,这里山清水秀,民风淳朴,所在黟县四面环山,与世隔绝,让人不禁以为是陶渊明笔下"桃花源"的现实翻版。宋代,陶渊明次子陶俟的后裔、陶渊明第三十代孙陶庚四迁居到这里繁衍生息,宜人小村庄获"陶"姓入住,此后便得名"陶村"。村中至今仍保留大量与陶氏宗族相关的历史古迹和文化遗址,你不仅可以看到保存完整的《陶氏宗谱》,还可以实地走访陶氏祖茔、陶家池塘、陶岭古驿道、陶氏宗祠等古迹。2013 年,基于陶村保留下的遗产遗迹,建成了"守拙园"景区,命名灵感便来源于《归园田居(其一)》中"开荒南野际,守拙归园田"的名句。整个园区以徽派建筑为主,当你拾级而上,走近门楼,可以看到石碑上就刻着《桃花源记》的全文;再步步深入,就可以尽情领略陶氏遗风了。

二 陶渊明故里　地点：江西省九江市德安县

陶渊明的出生地浔阳柴桑，就在今天江西九江境内，传说这里千百年来家家户户诵陶诗、习陶文，文化气息十分浓厚。2004年，一块"故陶公潜公之墓"字样的墓碑连同陶氏墓葬群在九江市德安县被发现，通过一系列对照研究后，此地被冠上"陶渊明故里"的称号。在这里，你可以看到许多陶诗和陶渊明生活中曾经出现的景物，比如陶渊明醉酒后躺过的灵龟石、祖父陶侃所修的官保堰，以及陶渊明母亲孟太夫人墓、陶氏宗祠和众多当时朝代出土文物等。

三 陶渊明墓　地点：江西省九江市九江县沙河镇

陶渊明在427年离世，后人尊称其为"靖节先生"，因此他的墓也被称为"靖节墓"。遵从陶渊明在《挽歌》中的"遗愿"，墓地就设在庐山西南的山坡上，这里远离城郊，正是他理想中"四面无人居，高坟正嶕峣。马为仰天鸣，风为自萧条"的安息地。该墓坐北朝南，清代重建，由三块长方形墓碑组成"山"字形：中间碑石横刻"清风高节"，竖刻"晋徵士陶公靖节先生之墓"；左有《五柳先生传》和墓志；右有《归去来兮辞》，以及陶氏后裔居住地和立碑者信息。

除了这几处与陶渊明切身相关的遗迹可以让我们跨时空与诗人"交流"，在江苏南京六朝博物馆，你同样可以在一众"六朝人杰"中寻找到他的身影。时代更迭，陶渊明的人生故事、诗风文品，都对后来人产生了巨大的影响。在读过本书后，让我们继续在现实中行走和阅读，期待与大诗人更多的"相遇"。

陶渊明成语词典

陶渊明是个对自己、对生活都十分诚实的人,他选择的人生道路与众不同,笔下的诗文有着鲜明的个人特色,质朴平实的语句中蕴含着丰富的哲学思考。大量意味深远的成语、典故都与他有关。

不为五斗米折腰

释义: 五斗米指的是微薄的俸禄;折腰有下拜行礼的意思。形容一个人为人清高,有骨气,不为利禄而卑躬屈膝。

出处: 唐房玄龄等《晋书·陶潜传》:"郡遣督邮至县,吏白应束带见之,潜叹曰:'吾不能为五斗米折腰,拳拳事乡里小人邪!'"

爱不释手

释义: 喜爱得不愿放开手。形容对某一件事物十分喜爱。

出处: 南朝梁萧统《〈陶渊明集〉序》:"余爱嗜其文,不能释手。"

白璧微瑕

释义: 璧是一种扁圆、中间有孔的玉器,瑕指的是玉上的斑点。形容人或者事物虽然很好,但仍然存在一些小缺点,有些美中不足。

出处: 南朝梁萧统《〈陶渊明集〉序》:"白璧微瑕者,惟在《闲情》一赋。"

超然物外

释义: 超然意为超脱、不介入;物外意为世俗之外。形容某个人超脱于世俗生活或社会纷争之外,引申为置身事外。

出处: 宋叶梦得《石林诗话(卷三)》:"渊明正以脱略世故,超然物外为意,顾区区在位者,何足累其心哉。"

停云落月

释义： 比喻思念亲友。

出处： 《停云诗序》:"停云,思亲友也。"杜甫《梦李白》:"落月满屋梁,犹疑照颜色。"

世外桃源

释义： 指一个与世隔绝、没有战乱、人人安居乐业的理想社会,后常常用来形容不受外界影响、生活安乐的地方,或幻想中的美好世界。

出处： 后人根据《桃花源记》提炼得出。

豁然开朗

释义： 形容由狭窄幽暗一下子变得开阔明亮,也用来比喻对某个道理百思不得其解,后来经过反复思索或者他人指点之后,一下子领悟时心情舒畅的状态。

出处： 《桃花源记》:"初极狭,才通人。复行数十步,豁然开朗。"

落英缤纷

释义： 落英意指落花;缤纷为繁多凌乱、纷纷飞扬。描述鲜花盛开时花瓣纷纷飘落的样子,常用来形容美好的景致。

出处： 《桃花源记》:"忽逢桃花林。夹岸数百步,中无杂树,芳草鲜美,落英缤纷。渔人甚异之。"

无人问津

释义： 津意为渡口。指没有人来探问的渡口,比喻无人过问或尝试。

出处： 《桃花源记》:"南阳刘子骥,高尚士也。闻之,欣然规往,未果,寻病终。后遂无问津者。"

不足为外人道

释义： 意为不值得向外面的人说。现在常指不必向外人提及或者透露某事。

出处： 《桃花源记》:"停数日,辞去。此中人语云:'不足为外人道也。'"

今是昨非

释义： "是"意为正确；"非"意为错误。意思是现在做的是对的，过去做的是错的。用来表示认识到过去的错误后，表示悔悟。

出处： 《归去来兮辞》："悟已往之不谏，知来者之可追。实迷途其未远，觉今是而昨非。"

欣欣向荣

释义： 形容草木生机勃勃的样子。现在常常用来比喻事物蓬勃发展，越来越好。

出处： 《归去来兮辞》："木欣欣以向荣，泉涓涓而始流。"

倦鸟知还

释义： 倦意为疲惫。意思是疲倦的鸟知道飞回自己的巢。用来比喻为生计在外奔波的人，身心俱疲，返回故乡休息。

出处： 《归去来兮辞》："云无心以出岫，鸟倦飞而知还。"

息交绝游

释义： 息意为停止；绝意为断绝。意为不再与友人们聚会交往，而选择不问世事，过隐居的生活。

出处： 《归去来兮辞》："归去来兮，请息交以绝游。世与我而相违，复驾言兮焉求？"

意中人

释义： 原指心意相知、意趣相投的友人，后多用来形容心中爱慕之人。

出处： 《示周续之祖企谢景夷三郎》："药石有时闲，念我意中人。"

不求甚解

释义： 甚解，意为深入理解。原本指的是读书时注重领会主要的精神，而不是逐字逐句地抠字眼。现在多指读书的时候不认真，只满足于懂个大概，而不去深入了解。

出处： 《五柳先生传》："不慕荣利，好读书，不求甚解，每有会意，便欣然忘食。"

开卷有益

释义: 意为只要打开书本读书就能有所收获。

出处: 《与子俨等疏》："少学琴书,偶爱闲静,开卷有得,便欣然忘食。"

慷慨悲歌

释义: 意为情绪激昂地唱歌,以抒发悲壮的胸怀。

出处: 《怨诗楚调示庞主簿邓治中》："慷慨独悲歌,钟期信为贤。"

聊胜于无

释义: 聊意为稍微;胜意为超过。意思是比完全没有略微好一些。常常用于安慰他人或自己。

出处: 《和刘柴桑》："弱女虽非男,慰情聊胜无。"

奇文共赏

释义: 奇意为美妙,新奇。原本意思是新奇的好文章大家一起来欣赏。现在多有贬义,有讽刺意味,指把观点错误、荒谬的文章拿出来大家一起来批判分析。

出处: 《移居》："奇文共欣赏,疑义相与析。"

羲皇上人

释义: 羲皇指传说中远古时期的帝王伏羲氏。古人认为伏羲氏以前的人生活恬淡闲适、无忧无虑,所以隐逸之士以"羲皇上人"自称。

出处: 《与子俨等疏》："常言五、六月中,北窗下卧,遇凉风暂至,自谓是羲皇上人。"

图书在版编目（CIP）数据

陶渊明：人生不喜亦不惧 /《国家人文历史》著；
李思苑绘. -- 北京：中信出版社，2024.8
（你好！大诗人）
ISBN 978-7-5217-3927-5

Ⅰ.①陶… Ⅱ.①国…②李… Ⅲ.①陶渊明（365-
427）-诗歌欣赏 Ⅳ.①I207.22

中国版本图书馆CIP数据核字（2022）第007952号

陶渊明：人生不喜亦不惧
（你好！大诗人）

著　　者：《国家人文历史》
绘　　者：李思苑
出版发行：中信出版集团股份有限公司
　　　　　（北京市朝阳区东三环北路27号嘉铭中心　邮编 100020）
承　印　者：北京顶佳世纪印刷有限公司

开　　本：720mm×970mm　1/16　　印　张：6.25　　字　数：160千字
版　　次：2024年8月第1版　　　　　印　次：2024年8月第1次印刷
书　　号：ISBN 978-7-5217-3927-5
定　　价：38.00元

出　品：中信儿童书店
图书策划：好奇岛
特约主编：熊崧策　　　　项目策划：黄国雨　　　　本册主笔：黄薇　王静
特约策划：时光　　　　　装帧设计：王东琳　陈翙君　东陈设计（左梦心、房媛、李霓、汪龙意、吴双彤）
策划编辑：鲍芳　明心　　责任编辑：程凤　　　　　营　销：中信童书营销中心
封面设计：姜婷　　　　　内文排版：王莹

版权所有·侵权必究
如有印刷、装订问题，本公司负责调换。
服务热线：400-600-8099
投稿邮箱：author@citicpub.com